FOAL

FRUTA PODRIDA

Fruta podrida

Lina Meruane

FONDO DE CULTURA ECONÓMICA

Distribución mundial para lengua española

Primera edición, 2007

Meruane, Lina
    Fruta Podrida / Lina Meruane
Chile: FCE, 2007
    190 p. ; 21 x 13.5 cm (Colec. Tierra Firme)
ISBN: 978-956-289-060-1

© Fondo de Cultura Económica
Av. Picacho Ajusco 227; Colonia Bosques del Pedregal;
14200 México, D.F.
© Fondo de Cultura Económica Chile S.A.
Paseo Bulnes 152, Santiago, Chile

Registro de Propiedad Intelectual N° 165.790
ISBN: 978-956-289-060-1

Coordinación editorial: Fondo de Cultura Económica Chile S.A.
Diseño de portada: Fondo de Cultura Económica Chile S.A.
Imagen de Portada: *Ora Pro Nobis* de Luis González Palma.
Cortesía del artista.
Composición y diagramación: Gloria Barrios A.

Fruta podrida fue bosquejada en el Hawthornden International
Retreat for Writers, en Escocia, y posteriormente escrita gracias a
la beca de la Fundación John Simon Guggenheim, en Nueva York.
Obtuvo el premio a la Mejor Novela Inédita del 2006 que otorga
anualmente el Fondo Nacional de la Cultura y las Artes de Chile.

Impreso en Chile por Andros Impresores

a Jose,
por lo dulce durante lo amargo

Hay gente que empieza a morirse por los pies, pienso.

Javier Tomeo / AMADO MONSTRUO

plan fruta

Era el sol reventado en el horizonte.

Eran los buitres oteando la carnosa pulpa del campo, las garras empuñadas en la alambrada de púa o adheridas a los ardientes techos de zinc, fijos los ojos sobre la calurosa casa de adobe.

La puerta estaba cerrada con llave, tres vueltas y una gruesa cadena.

Ni una ventana abierta: que no se les entrara el irrespirable final del verano. Pero entraba, por las rendijas, y la mujer seguía soplándose las mechas; esos pelos desteñidos y secos se levantaban livianos como maleza chamuscada y se precipitaban otra vez sobre su frente, mientras ella apoyaba el mentón en la palma de una mano y sus dedos se apretaban contra la nariz. Esa misma mano tanteaba cuánto había crecido la panza bajo el uniforme: las costuras empezaban a dilatarse, la tela entre los botones a abrirse, y debajo, la piel tensa, tirante.

Y las mechas volvieron a subir y bajar.

La mujer puso los ojos en su libro con un lápiz afilado entre los dedos. Un intenso resplandor amarilleaba ahora sus párpados: era el agónico brillo de la tarde que doraba los últimos frutales afuera.

Ya la cosecha estaba siendo despachada.

Ya los zorzales espantados, y los guarenes.

Ya los gusanos exterminados, las hormigas aturdidas.

La mosca de la fruta era todavía una amenaza incierta y aún no empezaban a rechinar los grillos de la noche; no se habían encendido las hélices de las luciérnagas.

Pero entonces, qué podía ser ese claveteo, ese golpeteo cortando el silencio en dos, rebanando el tiempo: tlic.

Era agua, una gotera dejándose caer en la cocina.

Y la mujer hizo un tic en la página de su libro, y tlic, trazó una diagonal tras otra, en el margen, tlic, y otra raya negra junto a las palabras, tlic, rayas delgadas sobre el papel, tlic, alargadas; tlic.

Y la voz áspera se alzó por encima de la gotera, se hundió en el aire como una cuchara, dijo Zoila.

Carraspeó, tragó saliva y otra vez: ¡Zoila!

Esperó unos segundos: tlic: el segundero de agua marcaba una ausencia en la cocina. Y después, nada.

Que no tenga que levantarme a cerrar la llave, pensó, pero iba a tener que levantarse: la gota seguía imprimiendo su caída en la quietud del adobe.

Cerró el manual de pesticidas con el lápiz dentro: Zoila.

Se levantó de una zancada repitiendo su nombre. De vuelta, un eco a cuentagotas.

Ahora me vas a oír, se dijo en silencio, sin susurrar ni una sola sílaba.

La tarde se había vuelto ciruela y dentro, las luces apagadas. Entró a oscuras en la cocina para apretar la llave que corría. Casi resbaló en el suelo mojado; alcanzó a agarrarse de una silla. Prendió la luz, vio el lavaplatos rebalsado y el tapón negro ahogado en el fondo. El paño amarillo colgado de un clavo era una bandera desolada: se agachó a secar el charco: ese reguero que se iba adelgazando hacia la sala como una línea de riego.

El segundero del reloj ahora suplantaba con su tac intermitente la gotera silenciada. Pero ella no oía el tiempo dando vueltas y vueltas sobre el muro. Era toda ojos, toda ella un corazón estridente. Tenía las rodillas empapadas y una mano sobre el trapo, secando.

En qué momento dejé que su Padre se largara al extranjero.

En qué momento acepté hacerme cargo.

En qué momento, qué desgracia.

De rodillas iba atravesando la cocina y maldiciendo.

Cuando llegó a la puerta levantó la vista: hasta dónde llegaría el agua que debía ser su huella. Hasta allá. Pero había algo, allá. Allá tirado en la penumbra de la sala. Un vaso derribado junto a un bulto. Un zapato caído en el piso. Un calcetín negro. Una pantorrilla flaca. Debajo de la mesa una niña despatarrada y chueca: el brazo torcido hacia atrás, la boca abierta.

Zoila no podía estar dormida en ese desarreglo.

Dormida no; ¿entonces muerta?

Se detuvo cerca. Se puso de pie. Se arregló la falda. Soplándose las mechas otra vez tomó aire. Se secó la frente y sonrió mostrando todos sus blancos dientes. Observaba la escena, la contemplaba con la repentina frialdad de su ojo entomólogo: Zoila era un bicho recién fumigado. Era una mosca enredada en la alfombra de la araña, el puro armazón de un insecto recién vaciado. La miraba sin reconocerla, pero la reconocía mientras le entraba una bulla en la cabeza, o un zumbido en los tímpanos y arcadas de cuatro meses o cinco; y en ese momento vertiginoso empezó a torcérsele dentro un remolino de excusas, de escupos, de vómitos, y largas fórmulas químicas y un qué hago con esta al cubo, equivalente a una dosis de sulfuro, cavando hoyos alrededor, me oye, la depreciación de las divisas, de las manzanas o naranjos o dólares, adónde me largo y qué porcentaje del mercado, del accidente doméstico con potasio, con pesticidas orgánicos, una temporera de turno, eso, un temblor, un transplante, un tumulto de médicos, urgente, un teléfono lleno de números, ciento veinte días más por lo menos, acá, a la vuelta, pasadas las mil cien hectáreas, una ambulancia, y entonces llevarla, al hospital llevarla, al hospital, urgente, oyó la mujer por fin a coro en su cabeza.

Qué estaba haciendo de pie y sonriendo.

Debía comportarse como una madre, como una verdadera madre volver a acuclillarse y levantar el peso muerto de la desmayada, que de repente, por un instante, levantó una ceja y deslizó su desfallecida pupila por los labios y la lengua rosa de la mujer que no era su madre.

Fue un aleteo desfallecido.

Después cayó en picada al pozo estancado de la inconsciencia.

¿Y qué era ese olor, ese poderoso olor que le arrancaba otra náusea? La boca abierta de ese cuerpo emitía una melosa podredumbre. Apretó las muelas, la mujer. En ese aliento espeso había manzanas agrias recién caladas.

Se separó para tomar aire, y aspiró otra vez.

Su espíritu científico habló por ella como un ventrílocuo: olor a fruta macerada, avinagrada... Sin convencerse la contempló: ¿...a sidra?

Le soltó el brazo, la dejó caer borracha sobre la alfombra.

Zumbidos en la cabeza y evocaciones inconexas, pero era a alcohol el olor impregnado en la piel de la desmayada. A sidra de manzanas verdes la esencia derramada en algún lugar incierto de su memoria. Y lo había percibido antes, antes, estaba segura ahora, sí, pero dónde.

Su nariz escrupulosa recordaba ese dulzor ácido y empezaba a obrar por cuenta propia mientras las manos rastreaban la casa entera buscándolo. Levantó cada cojín, olfateó detrás de los muebles, olió el agua estancada del florero, repasó debajo de la cama en busca de una botella. Ni un cajón quedó sin abrir. Tampoco encontró pistas en el armario: sólo una exhalación afrutada en el canasto de la ropa sucia. Todo su cuerpo pensaba en olores: olor a pomelo, olor a manzanas de cualquier color.

Pero dónde.

Corrió a descorrer la cortina de la ducha: sólo una cucaracha solitaria y ciega en el fondo de la bañera escabulléndose por el desagüe. Nada más. Nada, pero la esencia impregnaba el aire con un matiz de acetona. Y ella a ojos cerrados, concentrada en su nariz, a tientas acercándose a la taza.

Es aquí.

Era ahí: en la orina.

Cuatro hormigas flotaban en la orilla de loza blanca y otras enfilaban aceleradamente por el borde dispuestas a morir. Hormigas incansables e inconscientes salidas quizá de dónde. Hormigas laboriosas con un solo objetivo. La mujer se hincó sobre la marcha negra de las suicidas, su rodilla como un muro que interrumpiría apenas por un instante su recorrido.

Acercó la nariz al agua turbia y sintió la náusea subiendo por la garganta, pero no se detuvo. Embarazada o no iba a averiguar qué estaba sucediendo, qué había sucedido, qué había ahí mezclado en el agua: hundió su índice en el líquido amarillo, se metió el dedo en la boca y lo saboreó. Es dulce o es amargo, se dijo confundida, pero otra arcada la distrajo. Su boca se llenó de saliva. Sumergió la palma de la mano y la sacó como un cucharón. Embarazada o no: iba a averiguarlo.

Y tragando toda la orina que le cupo dentro pensó en hormigas ahogadas, y en alcohol, y en acetona, y en azúcar a cucharadas. Y entonces vomitó los antojos de esa tarde, revueltos el primer y segundo plato de porotos con la chirimoya molida y el jugo de naranjas. Pero entre las arcadas, al secarse la bilis amarga de los labios, apareció una idea precisa: la menor estaba fermentando.

Fueron arrancadas de cuajo esas hermanas a medias. Quedaron con las raíces al aire cuando la ambulancia las sacó a tirones por la puerta de la entrada, de la casa sitiada por la geometría implacable de los frutales, y se las llevó ululando por la deficiente arteria de tierra, zigzagueando entre los hoyos, dejando atrás la casa en el callejón sin salida junto al letrero del Ojo Seco y el quiosco de los diarios, dejando atrás el Galpón y sus maquinarias dormidas por el frío de la madrugada; y la feria cerrada, y los puestos de tomates y papas viejas, los sacos de zanahoria ya brotadas, los carritos anclados en una berma que iba desapareciendo en el espejo retrovisor, como las animitas con sus velas encendidas y las crecidas malezas de la noche. A toda velocidad la ambulancia atravesó sin parpadeo el cruce de caminos. Con su sirena a todo volumen y sus reflectores en alto fue adelantando camiones cargados hacia el puerto, y las escasas camionetas que circulaban a esa hora, y al ciclista borracho que intentaba en vano avanzar en línea recta; esquivándolos a todos continuó hasta que las ruedas se subieron al asfalto flanqueado por semáforos, postes de luz en el suelo, sacudidos signos PARE y atropellados CEDA EL PASO junto a un aviso de comercio apagado.

No se perdía detalle la Mayor con la Menor moribunda sobre su piernas: esa era la ciudad donde había vivido antes de mudarse al campo, una ciudad que se escurría por la ventana rápidamente, una geografía de luces bajo la luna a medio llenar y su cúmulo de estrellas devoradas por nubes bajas, nubes espesas que se iban dilatando para sofocar irreversiblemente el aire.

El ahogado resplandor de la baliza giratoria apenas iluminó el cartel cuando llegaron.

Los trasnochados camilleros abrieron las rejas de la SALA DE URGENCIAS, abrieron las puertas de la ambulancia y se llevaron a la desmayada.

La Mayor fue detenida: que esperara afuera.

Dentro plantaron a la Menor en coma, en una sala toda verde, entre sábanas del mismo color, a esperar su turno como los demás junto a la mesa de utensilios con sus cánulas de lavado, sondas alimenticias, mangueras, catéteres, bisturís, tenazas, tijeras de todos los tamaños y sierras, serruchos, punzones, gasas envueltas en papel reciclado, y sifones, y jeringas de vidrio. Ahí, junto a pantallas cruzadas de líneas tan fluorescentes como chuecas. Junto a la ruidosa máquina de café instantáneo. Junto a los tajeados. Junto a gente golpeada, acribillada y por todos los costados rota, a hombres con dolores de pecho.

Ahí: el cuerpo de Zoila pero sin Zoila dentro.

Un uniformado con varios estetoscopios al cuello se ocupó de darle la bienvenida poniéndole una pulsera blanda con las iniciales de su nombre. Le levantó los párpados, le iluminó las pupilas, le tomó el pulso aguantando la respiración veinte segundos y multiplicó por tres: demasiado lento.

Apretó un interruptor disimulado en el suelo y entraron dos colegas con mascarillas, con las cabezas metidas en gorras, amarrándose el traje por delante. Venían a ponerle un termómetro en el ano: despacio, con cuidado, y con guantes se lo metieron y esperaron los ciento veinte segundos para leer después la marca de mercurio: treinta y seis grados.

Y por turnos fueron escuchándole otra vez el corazón, el pulmón, los movimientos del intestino. Le palparon debajo de la mandíbula, por detrás de las orejas. Le revisaron los dientes. Tampoco en la garganta había cuerpos extraños.

Se miraron confundidos, un momento.

Inhalaron: veinte segundos: exhalaron y se pusieron en acción nuevamente.

Que la desvistieran, ordenó el primero, y los otros la desnudaron. Pusieron ese desparramo de niña sobre la pesa fría y anotaron kilos y gramos. Bajo la luz potente de los reflectores flexionaron sus articulaciones, la manosearon en busca de huesos rotos, de cervicales salidas, de astillas de vidrio, de antiguas quemaduras de cigarrillo en las manos. Pero no encontraban nada, aunque algo pillaremos.

Suspiraron.

Cuchichearon.

Asintieron.

Levantaron las cejas en crisis.

Uno tosió; otro se rascó la nuca con los guantes puestos; el tercero opinaba que debían llamar al Médico y los demás estuvieron de acuerdo. Y entonces la envolvieron y realizaron el último procedimiento: se turnaron intentando endosarle la gruesa aguja en alguna vena, despacio, con cuidado: un desastre. Pero le sustrajeron un tubo de sangre y se largaron sin frotarle un algodón con desinfectante.

Nadie se devolvió; nadie se quedó a vigilar la puerta porque no había quién.

Pasaban los cuartos de hora y las apuradas enfermeras.

Entraban y salían nuevos y antiguos pacientes pero ningún médico venía. Y ninguno vendría hasta que el laboratorio emitiera su bando, hasta que por fin apareció el resultado de las pruebas: por la sangre de la desmayada circulaba sangre dulce.

A los pies del catre una ficha con el horario preciso de las inyecciones y las cantidades exactas y escasas de masas, los gramos justos de carnes magras, y sólo una fruta con cáscara de postre. Zoila abrió la boca primero y después los ojos, quiso rascarse la nariz pero era imposible: estaba amarrada al catre. Tenía una bolsa de agua enchufada al empeine, una bolsa colgada de un gancho que ahora se balanceaba de un lado a otro, despegando el parche, descubriendo la aguja. Por el pie frío, por la pantorrilla y el muslo fríos marchaba el inaudible goteo de agua. Y a lo lejos, un pitido intermitente o quizá un tintineo de cubiertos.

Tenía sueño.

Tenía hambre.

Tenía el estómago descompuesto.

Y dónde estaría su hermana era la pregunta. Estaba cerca, separada por un muro y una puerta. En la sala de espera, con grandes ojeras y comisuras desplomadas, ahí la desvelada Mayor se hacía otras preguntas. Qué enfermedad sería, si tendría cura, si sería contagiosa. Pensando en la posible transmisión la Mayor se retorcía de terror, y miraba la hora yendo de un lado a otro por el pasillo mientras iban y venían enfermos y enfermeras que desaparecían tras las puertas. Intentaba otros pensamientos, distraerse: cuánto iba a costarle el tratamiento o la funeraria, cuántas cuotas a plazo y por cuánto tiempo. Se sentaba y se ponía de pie y volvía a sentarse.

Cansada.

Aterrorizada.

Con el estómago revuelto.

Lo vio pasar cojeando raudo y cejijunto. Era ese, el de los gruesos anteojos y talones rápidos, el que se metió en la oficina de techos altos. La Mayor siguió las instrucciones de la enfermera, dio tres golpes a la puerta justo debajo de la tarjeta que decía Director General, Médico General, Cirujano General, omitiendo el nombre y el apellido. Tres golpes. Dos. Y por fin sólo uno más fuerte con los nudillos.

Entre, rezongó la voz anémica del Director, Médico y Cirujano General. Una voz que salía con esfuerzo de ese cuerpo doblado sobre el escritorio, concentrado en el examen de varios frascos de cápsulas y de jarabes rosados.

Entre, entre, no se quede ahí parada, dijo la voz envuelta en su delantal blanco; entre, desentonando, sin levantar la vista, sin mirar todavía a la Mayor, dándole tiempo para decidirse a dar tres pasos, a entrar, a mirar a su alrededor las paredes cubiertas con importadas vitrinas de aluminio resplandeciente, llenas de grandes botellas y de relucientes órganos embotellados, tan perfectos que parecían plásticos, tan rozagantes que más que órganos humanos parecían frutos en conserva. Fruta perfecta como las que ella estaba produciendo cada temporada en el campo.

Oyó su nombre a lo lejos: en voz alta el Médico Cirujano y Director leía la ficha: la fecha errada, el nombre equivocado. María no es, corrigió la Mayor, la enferma es mi hermana, mi hermana a medias, la Zoila, Zoila E. del Campo, ponga ese nombre en su ficha… Pero el Médico no escribía. Con el lápiz levantado, con los ojos hundidos tras los lentes, la miraba de arriba abajo.

Dese la vuelta, María, y la Mayor, sin preguntar, giró torpemente sobre la punta de sus pies como una uniformada bailarina.

Otra vez, otra vuelta, pero más lentamente, insistió el Médico, tomando nota del bulto bajo el uniforme.

¿Cuántas semanas, María? Siéntese.

La Mayor se acercó a la esquina de una silla y dijo, diecinueve, y se quedó ella también estudiando al Médico que escribía, sopesando al Cirujano se tragaba una tableta, atravesando al Director con su ojo de rayo: ese hombre estaba en los huesos, tendría una prótesis de titanio en la cadera y esa nariz rocosa roncaría toda la noche a través del tabique chueco. Sin anteojos se lo imaginó, y sin delantal y sin ese cinturón que le sostenía los pantalones. Un hombre consumido por la ciencia que había dejado su carne y hasta el último gramo de grasa en esa oficina de libros enciclopédicos y en los pabellones. No sabía si lo imaginaba o si estaba recordando los comentarios de las temporeras embarazadas en el Galpón: que el Director era un hombre extraño, obsesivo; que le faltaba una tuerca y algo más, decían las más viejas, que tuviera cuidado, que muchas habían perdido hijos en el hospital y nunca lograron recuperarlos.

¿Calcio?, preguntó su voz, ¿fierro, vitaminas?, y alcanzándole una caja le dijo que se tomara una pastilla cada mañana o se le caerían los dientes. Es caro el injerto de dientes, son aun más caras las coronas, dijo el Médico. Muy caros los transplantes, dijo. Tómese esto, dijo. Muestras médicas, agregó, impaciente, un regalo que le hace la industria farmacéutica del Norte, y sus dedos amasaban otra cápsula. Y eso por ahora sería todo, María...

¿Va a morirse?

¿Y por qué iba a morirse su criatura? No, nada de morirse. Pida hora más adelante con la matrona y si detectamos que sufre le haremos cesárea...

Mi hermana, doctor, mi media hermana, ¿va a morirse?

Su hermana a medias, ¿morirse?, repitió el Médico palideciendo aun más y balbuceó: morirse nadie. Sobre mi cadáver se morirá alguien en este hospital. Para qué cree que estamos trayendo tanta máquina, tanta tecnología importada contra la muerte. Para qué desmantelamos el destartalado policlínico y fundamos este gran hospital. Váyase tranquilamente para su casa, María...

María del Campo, completó secamente María, del Campo como mi pobre madre y como mi hermana enferma; del Campo como la tierra que piso cada mañana camino al trabajo y cada tarde, de vuelta, continuó, enderezándose; y levantando la voz dijo todavía, no cualquier María, no una María anónima como todas esas que usted atiende en la sala de parto, no como las marías temporeras a las que les extraen guaguas lo mismo que juanetes; no cualquiera, no. Soy la María del Galpón; María, la que vive en el callejón sin salida del Ojo Seco con su hermana, esa que llegó anoche y que usted no ha dado todavía de alta ni me ha explicado qué tiene. Pero me va a decir, ahora, va a decirme si se morirá y cuándo y de qué, y si será contagiosa su muerte.

La enfermedad de la Menor no era inmediatamente mortal ni tampoco inmediatamente curable. No era contagiosa: al menos no del modo en que se pegaban las plagas que la Mayor destruía en el campo: no.

Se lo advirtió el Médico irguiéndose en su silla y soltándose el nudo de la corbata.

No había bacterias involucradas ni virus, no había amebas ni menos hongos que pudieran ser rociados una noche desde el cielo, con avionetas. No se podía cavar alrededor de la Menor y regarla con antídotos. No se sabía suficiente sobre cómo proceder para evitar la aparición de esa enfermedad que resultaba tan sorprendente para la ciencia: como le decía, dijo el Médico, no es una enfermedad contagiosa pero sí transmisible, porque posiblemente, muy probablemente, es una condición latente, hereditaria, que de pronto se detona, estalla sin aviso, y a partir de ese momento el sistema defensivo empieza a recibir órdenes contradictorias, resoluciones suicidas. El propio cuerpo se rebela contra sí, el cuerpo hace de sí mismo su propio enemigo. Lo que ha atentado contra su hermana es su propio sistema defensivo, conjeturó el Médico, es como si ese sistema hubiera sufrido un lapsus, un trastorno, un golpe de Estado, y en su paroxismo se hubiera dedicado a aniquilar las propias células que lo mantienen vivo.

El cuerpo había boicoteado la producción de insulina y ahora se encontraba en profunda deficiencia. Y la Mayor asentía y negaba con la cabeza, maldiciendo el momento en que había aceptado hacerse cargo de esa hermana a medias, una completa desgracia.

El Médico se tragó una pastilla, y le ofreció otra a María, que se revolvía en la silla y que iba a levantarse, pero no se levantó porque el Médico estaba repitiendo hereditaria, congénita, degenerativa, impredecible. Esa calamidad que se saltaba generaciones pero que reaparecía en la descendencia la había dejado rígida sobre la silla.

Impredecible, repitió María; congénita, tragando saliva y apretando las muelas; degenerativa. Se tomó la panza con las manos y susurró sólo la última palabra: ¿hereditaria?

Hereditaria: el Médico se levantó con las mejillas chupadas y las pupilas grises absolutamente dilatadas, y abrió un cartapacio y le alcanzó a la Mayor un mapa de huesos, músculos, órganos hinchados; las venas creciendo como una enredadera hacia el cerebro.

Y la Mayor observaba ese diagrama del cuerpo imaginando una sofisticada planta procesadora provista de esfínteres de entrada y esfínteres de salida, de intestinos distribuidores, de fajas transportadoras y de arterias. En cada punto, pensó la Mayor examinando la anatomía, había químicos, ácidos y un elaborado sistema que destruía los gérmenes, había almacenes y oficinas donde se elaboran las estrategias de producción. Una máquina perfecta, pensó olvidándose por un instante del problema que el Médico inmediatamente le señaló, aquí está el origen, la falla. Aquí, con el dedo: esta berenjena oscura y rugosa es el páncreas.

El sol se incrustaba entre las persianas de la oficina y a María se le cerraban los párpados: como si la enferma fuera ella, como si fuera su carne la traicionera, como si toneladas de manzanas, peras, kiwis la hubieran vencido con su peso podrido y sus millonarias pérdidas. Qué felices las temporeras, pensó ingenuamente, todas ellas trabajando como autómatas, sin sentir nada, sin sufrir nunca, sin apego por lo que cada día envolvían, encajaban, despachaban: simplemente tiraban a la basura la fruta que venía mala y cobraban su sueldo. Ser temporera no tenía garantías pero tampoco sudores ni desvelos y ese era el enorme beneficio: que no había amarras, que no había necesidad de compromiso... Un trabajo transitorio, pensó, el trabajo de ser madre también debía serlo.

La maternidad sólo era soportable por una temporada, sin contrato fijo, se dijo mientras el Médico seguía dictando cátedra, declamando que existía una alternativa más bien remota de curar a su media hermana mediante el transplante de ese órgano que alojaba a las células destruidas. Un transplante, insistió, haciendo rodar sobre su palma una pastilla naranja; y sin embargo, continuó, dejando que la pastilla se desbarrancara entre los dedos, por ahora se trata de un procedimiento impensable.

Habría que esperar.

Habría que estudiar el caso.

Habría que consultar con los cirujanos extranjeros que venían cada año por si había algún promisorio adelanto.

Pero habría era un verbo condicional y el Médico Cirujano lo reemplazó por habrá, por haré la consulta o haremos, porque en la actualidad hacemos transplantes de riñón, de pulmón, de corazón, aunque todavía nadie sobreviva suficientes días como para celebrarlo públicamente o anunciarlo por los diarios... Pero los hacemos porque en casos extremos, ya terminales, es la única opción para alargar la vida unos días, unos meses, a veces simplemente horas.

Al menos esas horas prolongarían la ilusión de haberle robado horas a la fatalidad.

Al menos esas operaciones contribuirían al desarrollo de la ciencia y quizá en el futuro a la vana ilusión de otros.

¿Y entonces, qué estaban esperando?

María vio que la hora avanzaba lentamente en la pared y pensó que no había tiempo que perder, que podían intentarlo: la verdadera desgracia sería padecer eternamente. Qué esperamos. Se le estaba haciendo tarde, ya no llegaría a tiempo al Galpón si el Médico seguía hablando, hablando, porque no hacía más que hablar mientras su jefe la estaría llamando insistentemente por teléfono, bajaría a averiguar por qué no contestaba y ahora la esperaba indignado en la puerta de la oficina con la planilla de descuentos en la mano, calculando los costos del campo desatendido, del packing a media marcha y las temporeras maquinando su descontento durante el envasado...

¿Qué estaba esperando?

Se le revolvió el estómago pero aguantó el palabrerío inútil del Médico. Sudaba frío, tenía las mechas pegadas a la frente y entonces le preguntó: ¿entonces nada?

El transplante del páncreas era una cirugía demasiado compleja, demasiado costosa, con demasiado riesgo de rechazo. La intervención no era recomendable ni se justificaba todavía: la muerte diabética no era inminente.

María se levantó con náuseas: iba a tener una enfermedad metida dentro de su propia casa, la enfermedad se le había colado y no había manera de erradicarla. ¿Sólo mantenerla a raya?, gruñó, ¿sólo controlarla hasta que llegara el momento y la tecnología del transplante hiciera posible la cura? ¿Pero cómo iba a pagarlo?, se decía dando pasos indignados por la oficina. No tendría nunca suficiente plata, no le alcanzaría ni aunque cobrara las horas extra que no cobraba. Y no las exigía porque quería complacer al Ingeniero, porque era necesario demostrar que podía como cualquier hombre, sin reclamar, sin admitir jamás cansancio o preocupaciones, sin apelar a otras necesidades. Trabajar agachando el moño. Y se afanaba de uniforme, con bototos y pantalones, como si no fuera la que era, como si no tuviera el cuerpo que tenía.

Demostrar que siempre podía, que para eso había estado durante años estudiando y hasta descifrando libros en idiomas extranjeros. Había entrado a la empresa como secretaria bilingüe de día mientras estudiaba agroquímica de noche. Había tipeado hasta agarrotarse los dedos, había resuelto complejas ecuaciones. Había sonreído, había guardado silencio, había ido acumulando frustraciones hasta que se recibió de pesticida y el Ingeniero le comunicó que la pondría a prueba una temporada.

Así había ascendido peldaño a peldaño desde el primer piso hasta el segundo, dejando atrás el rumor y la pestilencia a sudor y a sangre menstrual de las temporeras y de las supervisoras y de la nueva secretaria en práctica, para empezar a tomar decisiones ejecutivas sobre el futuro de la empresa.

Un año y el siguiente. Y ahora inauguraba el tercero.

¿Para qué había servido todo ese esfuerzo?

Tanto laborar eliminando pestes ajenas y ahora tener que convivir para siempre con una incurable en mi propia casa arrendada y de adobe, dijo levantando la voz y levantando los ojos hasta toparse con la mirada grisácea del Médico que le dijo cállese, deje de dar bufidos y siéntese, escuche lo que todavía tengo que decirle: puedo ponerlas en nuestra lista de espera, si usted quiere, la lista de espera de un transplante futuro que quizá algún día salve a su media hermana, a su hermana a medias; la pondremos de primera en la lista para que no espere tanto e iremos ganando tiempo poniéndola a régimen estricto, bajo un control exigente y sucesivos exámenes.

Que no se inquietara por la plata, la plata era lo de menos y de todos modos podría ir pagando en cuotas, podría compensar los gastos futuros mediante donaciones anuales a la ciencia...

La Mayor siguió los ojos metálicos del Médico, ahora fijos en su panza.

Desplegaba una enorme sonrisa, la primera y única sonrisa de la tarde, y ella también sonrió, sin saber por qué le concedía impúdicamente los labios desplegados y los dientes: era una mueca mimética y automática que resplandecía.

moscas de la fruta

vendrán los tiempos en que
también
me descuelgue del mundo
cubierta de hongos
repleta de gusanos para rodar
quién sabe por qué caminos
tiñendo la tierra
magullando mi piel hasta pelarla
escurriéndome
un punto suspensivo
en el vacío,
entonces los pájaros
también
vendrán a picotearme

(cuaderno deScomposición)

Aparezco junto a una ventana alfombrada de moscas, sentada frente a ellas, hipnotizándolas con un dedo. Quietas, les susurro, apuntándolas, lentamente acercándome, quietas mis dulces y negras moscas.

Se quedan tiesas sobre el vidrio, estupefactas; y entonces zas, aplasto una con el índice y me la meto en la boca: esa mosca levemente amarga patalea agónica sobre mi lengua. Y zas, aplasto otra, más gorda, más amarga cuando la exprimo entre los labios. Ninguna se me escapa, y en eso estoy, engullendo la quinta o sexta lerda mosca de la tarde cuando zas, aparece mi hermana por detrás, y con su mano entera metida en mi boca, tocando la campana de mi garganta, me hace expulsarlas todas. A todas mis negras y amargas moscas.

Mi hermana engulle puntualmente sus comidas: después, igualmente rigurosa las vomita. Yo no desperdicio ni devuelvo nada: tengo más hambre que posibilidades de saciarla. Hambre de todo lo prohibido, hambre de lo que quedó pegado en las ollas, de lo que sobra y se despacha en las bolsas de basura. Llega la noche y ya no hay cómo apaciguar este rumor: un fuego rabioso y ávido me corroe las tripas. Y me zafo silenciosa de las sábanas, y voy avanzando con urgencia hacia la cocina: las manos adosadas a los muros, los pies aceitados sobre el suelo. Arrastro los largos dientes del día como un loco maniatado en la oscuridad. No temo ser descubierta. Mi hermana duerme devorada por la fatiga, y en su sueño no distinguirá el crepitar de la madera bajo mis pasos de las ruidosas ventanas descuadradas por el viento.

La claridad es el anuncio: una luz leve y verdosa se cuela por las cortinas y las superficies relucientes sueltan su aliento hospitalario; a cloro el suelo trapeado de la cocina, a desinfectante la mesa y los mesones secos. La loza de las paredes ha sido pulida por sus manos de escobilla; es mi hermana quien barre día y noche detrás de los muebles, quien frota hasta romperse los nudillos el más inútil de los coladores. María ha guardado las palanganas ya despojadas de su grasa y los cubiertos relucientes. Por si las cucarachas, por si las hormigas y las moscas, repite cada atardecer colocando una nueva bolsa en el basurero.

Un sudor frío va mojando mi espalda.

La hélice del techo no se mueve.

Es invierno todavía y también será invierno mañana: esta noche la bruma está rociando su humedad a punto de lluvia sobre el campo, y yo, esparciendo la ropa totalmente empapada a mis pies.

Un paso más y se me doblan las rodillas. La insulina que acabo de ponerme a escondidas de mi hermana, esa dosis que me permite robar dulces sin ser descubierta, ha empezado a hacer su efecto. Pero aquí, ahora, no hay con qué paliar este vertiginoso bajón de azúcar en la sangre que me va aturdiendo. Las hélices torcidas de mi cerebro empiezan a quedarse sin electricidad. Y tengo que pensar en algo pero ya no pienso. Sólo tiemblo como a veces la tierra: todo mi cuerpo se estremece, se me sacuden las manos y cada uno de los dedos que ahora toman la delantera. No encuentran nada en los cajones.

El frutero ha desaparecido y también la mermelada.

Ha desaparecido la panera y la caja metálica con galletas y el azucarero.

Tendría que haberlo visto esta tarde en su mirada.

No es tonta mi hermana: lo que le sobra es perspicacia: tras semanas de refregar la casa con gruesas esponjas untadas en veneno, de dejar trampas adhesivas por el suelo, de poner cebos con irresistibles hormonas, su inteligencia bien alimentada ha concluido que no son los roedores, que no son las cucarachas, que no hay hormigas nocturnas en nuestra cocina. No es tonta, no tiene un gramo de estupidez en la cabeza, y esa es, esta noche, mi desgracia. Porque esta misma noche ha guardado en la bodega las compotas, el dulce de membrillo, los chocolates, el pan fresco en una bolsa y las galletas y las mermeladas.

Esta noche más verde que azul la despensa está vacía.

Las alambradas manos de los relojes siguen avanzando, lentamente, pero tengo que apurarme. Le doy un tirón a la puerta del refrigerador recién importado del norte: su bruma fría me envuelve, su luz demasiado blanca. En la inflamada pureza del congelador hay sólo un fruto verde. Lo agarro entre mis uñas, lo rodeo con mis labios pero no logro meterle los dientes.

Se me nubla la vista, me palpita la cabeza. Chispazos eléctricos se encumbran por mi nuca, hacia el cráneo: estoy al borde de un cortocircuito. Alcanzo un cuchillo pero mi mano no tiene fuerza, mi puño se abre y la afilada herramienta cae, se clava en el suelo como una advertencia mientras mi cuerpo va dando vueltas, alucinado, y mis neuronas piden desesperadamente azúcar, azúcar, una y muchas veces azúcar repitiendo el sabor acaramelado de esa palabra hasta que lentamente todo se deshace en un sudor insulso y una voz tenue que silba susurra suspira gime simplemente como un eco absurdo a azúcar

Dos ojos abiertos sobre los míos.

Algo se acerca a mis labios: lo muerdo. Intento desgarrar un pedazo pero no lo consigo, y mientras torpemente lo intento ese algo se escapa de mi boca, se cierra, se golpea en mi cara como un puño, y después, el empujón: mi cabeza cae sobre la almohada y después yo, yo aplastada contra el colchón, prensada yo en una sábana de fuerza que alguien sujeta.

Que no soy una bestia, creo que oigo.

Que me calle, que deje de gritar.

Debo llevar mucho rato aullando, gruñendo como los perros que custodian las enrejadas fronteras del campo. Sufro de una fiebre que el termómetro no registra.

La luz está prendida, y es de noche pero pronto va a amanecer. Empiezan a repicar todos juntos los relojes repartidos por los muros de adobe: los veintisiete relojes. Veintisiete, como los años de mi hermana. Cada reloj dando cinco, seis golpes. Qué hora será. Cinco por veintisiete, seis por veinticinco. Cuántos golpes. Cuántos días. Muchísimos, y todos golpeándome sin cesar. Coscorrones de los nudillos del tiempo que acabará por derribarme a pesar de mi hermana.

Su mano me sacude: ¿Sabes quién soy?

Por supuesto, qué pregunta. Quién más podría ser, pienso pero sigo sin contestarle, la boca no me responde, los dedos van resucitando en la punta de los pies, de a poco, por partes, desde los talones hasta la lengua.

Y a lo lejos los perros guardianes le ladran a las temporeras que ya llegan a la reja; son aullidos nerviosos que se diluyen con la noche.

El día ya empieza a colarse por las persianas.

Mi hermana me seca la frente con el borde de su manga.

Tómate esto. Tómatelo todo, rápido, como jarabe, y no te atores.

Apura el vaso en mis labios y me trago ese jugo turbio hasta la última gota. Qué asco, otra vez estoy despierta.

Me fijo en esa mano envuelta en la sábana mientras mi hermana se coloca el mechón descolorido detrás de la oreja. La tela empieza a mancharse de sangre, la aureola crece lentamente tiñendo la cama.

¿Te cortaste?

En vez de contestarme mi hermana me limpia los labios con la punta ensangrentada de la sábana. Tengo ya la boca maquillada de rojo cuando me dice, sin agitarse.

Como vuelvas a morderme te arranco los dientes.

Como vuelva a robar comida de la cocina.

Como me inyecte tanta insulina.

Como le siga mintiendo nunca llegaré viva al transplante, masculla mi hermana. Todo este esfuerzo para nada. Pero no me castiga, no se atreve a tocarme, no me llevará al hospital esta madrugada. Mi hermana simplemente se aleja de mi cama sujetándose el ombligo con la mano que sangra.

Tras vendarse la herida, tras vomitar a puerta cerrada y secarse el sudor de la frente mi hermana se irá arrastrando sus gruesos zapatos negros hacia el Galpón en el campo: a trabajar. Lleva el uniforme gris cada mañana más apretado en la cintura, y las grandes iniciales de la Empresa impresas a lo ancho de su espalda se desvanecen junto a su silueta por el camino hasta que también María se disuelve. Deja de ser mi hermana. La que empuña un manojo de llaves este martes, la que entra por las puertas enrejadas del Galpón llevando su panza a cuestas, la que sube lentamente los escalones hacia su oficina y baja un poco las persianas es otra, es la Mayor, la del gesto eficiente junto a la ventana. Afinando el ojo por la cerradura de nuestra casa la veo organizando una pila de documentos, tachando cifras con la espalda encorvada, rompiendo sobres y examinando urgentes estadísticas con el ceño torcido.

Se sienta, suspira, levanta el auricular del teléfono y otra vez lo cuelga.

Se muerde el labio superior mientras se plantea la necesidad de exterminar todas y cada una de las plagas.

Allá está ella, la Mayor, con sus pestes, y aquí estoy yo con la mía.

Desde su oficina la Mayor ha instituido una jerarquizada cadena de mando.

Su boca le envía órdenes precisas a mis oídos, que le transmiten las señales a mi cerebro para que yo las ejecute. Demasiadas órdenes, demasiado precisas. Pero no es ella quien inventó las reglas de esta desgracia: primero las dictaron científicos extranjeros en conferencias internacionales, y después de leer sus disquisiciones de laboratorio los médicos de grandes hospitales las aplicaron, y detrás obedecieron utilizándolas el Director de nuestro hospital, y el endocrinólogo y el nutricionista y los enfermeros. Las recetas las trae uno de ellos, raudo en su auto, en línea recta desde el escritorio del Médico hasta nuestra casa del Ojo Seco. Es ese Enfermero quien nos transmite las nuevas, siempre provisionales indicaciones, en voz alta y modulada.

Pero la cadena de repetición es demasiado larga y espaciada, se va distorsionando, se interrumpe, llega entrecortada. No es posible acatar esas órdenes estrictas y exhaustivas, aunque vengan reforzadas por los duros nudillos de mi hermana en mi cabeza y por sus constantes llamadas.

Cada hora, cada media hora, cada veinte minutos o menos se repite el estridente timbre del teléfono. La llamada es siempre para mí y soy yo quien atiende. Su voz en el auricular no pronuncia mi nombre. La voz simplemente entona preguntas. Una tras otra frases que no preguntan por mí, preguntan por la dosis que me puse con la comida y si usé alcohol antes de pincharme, si me acordé de rotar el sitio donde enterré la aguja, si encontré algún hoyo profundo en la piel. El oído de la meticulosa Mayor registra todo lo que le digo marcando tics en una hoja de papel.

En tres meses le rendirá cuenta a la junta de médicos. Les pedirá explicaciones porque nada de lo que recomiendan parece funcionar en mi tratamiento. Nada funciona o alguien miente. Nada, y mi hermana se resiente en la constante incertidumbre de las subidas de azúcar y las bajadas con sus mordidas.

No hay cómo extirpar la enfermedad que se ha instalado en la casa, murmura agria una y otra vez. El mal es incurable, las complicaciones son severas: la compadezco. Y la junta de médicos la escucha quejarse también compadecidos; la junta levanta los hombros, suelta un distraído no se preocupe, un quizá, un posiblemente algún día podamos ayudarla si es que la enferma colabora.

Lo dicen con reticencia porque saben que me resisto, que mientras más estricto el control menos puedo cumplirlo. Se rascan coordinadamente el lóbulo de la oreja los miembros de la junta; el Médico General se chupará otra pastilla y querrá revisar una vez más ese cuaderno de composición donde yo anoto la comida, la dosis, los colores desplegados por las tiras reactivas en la orina. Pedirá más exámenes de sangre que saldrán otra vez alterados, y al final le dirá, nos dirá, que soy un caso imposible.

Pero María no: noooo.

María no acepta la imposibilidad como respuesta; se impacienta, me acosa con las mismas obsesivas preguntas que yo contesto a medias, con el auricular pegado a la oreja y la boca seca.

No podrá controlarme aunque lo intente. Mientras ella produce fruta perfecta en el campo yo produzco azúcar en mi cuerpo: en esta casa yo soy la encargada de mí, pero no como una madre abnegada ni como una laboriosa hermana rodeada de venenos. Mi empresa es la del descuido.

Ningún color en la tira, le digo por teléfono.

No me engañes, insiste mi hermana. ¿Nada de azúcar en la orina?

Nada de nada, insisto, embustera.

Más te vale, murmura mi hermana antes de colgarme.

La Mayor todavía tiene en la palma la incisión de mis dientes.

Da vueltas por la casa maldiciendo ese dolor que aumenta, el olor nefasto dentro de su venda, y maldiciendo las sillas y los colchones en los que su panza ya no se acomoda.

Esta mañana la mano despierta afiebrada.

Esto está infectado, mascula alarmada mientras se sube el uniforme.

Sale dando un portazo. Le pisa los talones a la noche que ya se retira. No sé cuánto anda por el largo camino de tierra, dejando atrás la casa, el Galpón, hasta llegar al hospital maldiciendo la herida de su mano y las ampollas de los pies.

Maldiciéndome.

Murmura que le descontarán este tiempo de la planilla y después se derrumba en la sala de espera hasta que escucha su nombre.

¿María?

Exactamente, María, dice mi hermana alegrándose de ser reconocida por uno de los enfermeros. Estira la mano y él abre la venda, y frunce el ceño.

Esto no está bien, y los antibióticos están contraindicados en las mujeres embarazadas...

María empuja la cintura hacia delante para que las cinco yemas del Enfermero verifiquen la temperatura de su panza. Se abre los botones del uniforme y deja que manosee su piel tirante; toma esa mano grande y la frota sobre su ombligo. Que la toque bien, que se quede con el olor impregnado en la palma.

Él se ha abierto el cuello de la camisa con una mano y acaricia los pelos negros que asoman por el borde; ella, sin soltarle la mano va buscando el lugar exacto en su costado. Se detiene, está esperando que algo suceda. Y sucede. Por un instante su redondez se ha deformado. Hay algo todavía vivo, algo sano ahí dentro: no corre peligro.

El Enfermero se sonroja, desvía su mirada y tantea con lentitud su propia panza blanda de hombre, y le ordena a María que se recueste para terminar de examinarla. Le enchufa un termómetro bajo el brazo, la ausculta con los ojos antes de escucharle la respiración entre los pezones hinchados, los horribles pezones negros del embarazo. Su mano se alarga, sus dedos limpios mueven lentamente el estetoscopio: el Enfermero percibe nítidamente los latidos de dos corazones acompasados.

Sonríe: no hay fiebre, no hay ganglios inflamados, nada más que pus en esa herida. Cierre los ojos, le dice antes de apretar y derramar la infección sobre una gasa junto con las dolorosas exclamaciones de mi hermana.

María me llama María
al sentarse sobre mi cama
por la madrugada María
separándome los párpados con sus dedos
de viejo áspero, María
al levantar la sábana: despierta,
es la hora de la sandía, acariciándome
con sus dedos husmeando mi ombligo
llamándome
la hermana, la abuela, la madre de todas
María
la fruta madura se parte
y separa las piernas y los brazos María
para que él devore tu corazón tierno

(cuaderno deScomposición)

Un hombro desnudo, un antebrazo, un codo rugoso y la mano enroscada en una cuchara de palo, dibujando círculos en la olla. Es mi hermana encerrada en su malhumorado domingo junto a un hervor de tomates deshechos, pellejos de cebolla, pimentones verdes y rojos, decapitadas cabezas de ajo. Inflada y sudando mi hermana baja la llama, revuelve, ajusta la tapa. Una marea de moscas se refriega las patas en el techo tocando la afiebrada música de sus alas. Otras tantas se escabullen entre las piernas de mi hermana mientras limpia los mesones con una esponja y de reojo las vigila: alguna va a descuidarse, alguna mosca enloquecida por el olor dulce va a emprender el vuelo hacia esa olla cubierta.

Será una muerte a fuego lento si se arriesga.

La tapa se levanta en medio del borboteo y escupe una bocanada de fuego.

No corre ni una brisa. Es una espesa tarde de verano y dónde están sus venenos. La Mayor los busca en vano. Se masajea la cintura, agotada, casi vencida. Sin el veneno que he escondido, sin un matamoscas a mano: que se rinda. Pero se seca la cara, se quita la gorra de baño que le cubre las mechas teñidas y las espanta agitando su paño como una bandera en el campo de batalla.

Mi hermana suda mientras yo imagino ciudades cubiertas de nieve.

¿Has vivido alguna vez en una ciudad de hielo?

¿Conoces alguna ciudad equilibrada sobre los rascacielos, una ciudad con alas?

Desde el umbral de la puerta formulo preguntas sobre el mundo que mi hermana no contesta. Pregunto por geografías que desconozco pero invento, intento imaginar las ciudades que describen para mí los médicos que llegan cada tanto al hospital en sus grandes autos con sus enormes maletas llenas de candados. Mi hermana me obliga a asistir a las citas que ellos proponen y el Enfermero viene a buscarme.

Respondo evasivamente a todas sus preguntas.

Acepto sin interés sus compensaciones: jeringas desechables hechas a la medida de mi cuerpo, prospectos de relucientes y costosos artefactos para medir el azúcar en la sangre. Sus aparatos no me interesan, lo que quiero son los planos de las ciudades donde trabajan. Extiendo las manos, que me los entreguen. Y ellos me donan sus mapas: aceptan marcar con cruces el punto exacto de los hospitales, trazan rayas rojas por las calles y trenes subterráneos que a diario recorren.

En esa lengua enredada me describen la geografía de sus territorios, comparan los climas, las estaciones, los modos de vida: todo lo dicen lentamente y en cada visita voy desenrollando algo nuevo en lo que dicen. El Enfermero me traduce lo que no comprendo: que esos hombres viajan por el cielo en grandes aviones, que sus veranos son sofocantes, que en invierno caen de sus nubes torrentes de hielo. El Enfermero siembra paisajes en mi mente, planta el deseo del destierro.

¿Dónde viven los desterrados?, le pregunto a mi hermana pero quizá no me oye. Quizá no quiera o no sepa contestarme: en vez de torcer la cabeza se seca la frente con el trapo y sigue en sus labores. Y yo continúo pensando en países lejanos, intento pensar cómo será la ciudad iluminada donde vive mi Padre: un avión lo había traído desde lejos, por trabajo, a negociar las instalaciones de la empresa de la fruta, por una breve temporada; otro avión aun más grande lo devolvió a sus tierras para hacerse cargo de la empresa importadora de su familia. Ningún avión lo trajo nunca de vuelta, sólo acarreó alguna carta de trabajo dirigida a mi hermana. A mí no me mandó más que algún saludo cortés pero absolutamente frío.

¿La fruta también se desplaza por el aire hacia ciudades escarchadas?

Echa a la olla una pizca de azúcar y luego otra. Y después prueba de su cuchara.

¿Si la fruta se mantiene viva a bajas temperaturas, también la gente envejece menos en ciudades frías? ¿Se enferma menos?

María rompe el sobre de salicílico y va dejando caer sobre la salsa el ácido en polvo. Sigue revolviendo, sigue sudando sin mirarme.

¿Si no me contestas es porque no sabes?

Tira el paño sobre la mesa, mi hermana, como si la tela le quemara los dedos. Su dedo levantado y sus ojos demasiado abiertos son toda una respuesta.

Las preguntas se quedan zumbando dentro, son preguntas negras, amargas, incesantes.

Mi hermana envasa su salsa.

Me distrae la sombra que cruza el aire dibujando una raya imaginaria sobre el piso. Sólo esta mosca ha escapado del trapo implacable de María, y ahora se posa sobre la ventana. Extiendo mi pañuelo, la cazo sin romperle las alas y escucho: su aleteo es un amortiguado rumor junto a mi oreja.

Dime cómo se sale de esta casa, le digo, pero mi mosca prisionera no contesta. Empuño lentamente la mano y la última pregunta de la tarde exhala su crujido en mi pañuelo.

Mi hermana regresa de la bodega y dice:

Agarra tu bolso, mientras.

Y equilibrando otra bandeja de frascos entra a la bodega. Ahí las bolsas de harina, los sacos de papas, las latas apiladas junto a los costales de porotos. Y botellas en las repisas. La bodega es un sepulcro frío donde mi hermana almacenará esa salsa coagulada, junto a sus mermeladas y compotas: todos alimentos no perecibles, por si alguna otra vez nos racionan, por si se acaba el trabajo de la fruta; hay que mantener la bodega llena, por si las moscas.

María sale y yo me asomo.

Cuánto trabajo en cada uno de esos frascos: el minucioso tiempo de la naturaleza, las horas de obsesivos hervores que les aplica mi hermana. La fruta flota inmortalizada por el fuego. Con los brazos en alto intento alcanzar una botella, aunque sea una sola sin etiqueta ni fecha de vencimiento. Imagino que la eternidad pesaría demasiado en mis manos, que yo tambalearía peligrosamente, que la botella realizaría su pirueta final en un instante imaginario de vidrios desparramados y almíbar. Pero mi hermana vuelve a ponerle llave a su bodega y me mira con sospecha: Sale inmediatamente. Y agarra tu bolsa con todas tus cosas, que nos vamos.

Todavía hace calor cuando emprendemos la retirada.

No me dice adónde vamos, pero hay sólo un lugar posible este domingo. El ciclo de sus engordes siempre termina con una separación de nueve días con sus noches. Pero esta vez no ha podido transportarnos el Enfermero en su auto ruidoso y raudo, y mi hermana se sube a la micro maldiciéndolo. Tiene los dientes apretados, respira con fuerza. Conozco estos sudores pálidos de mi hermana: de estos quebrantos no hay cómo rescatarla.

Las uñas sucias del micrero me entregan las monedas de vuelto mientras mi hermana oscila por el pasillo. Sigo sus pasos entre asientos vacíos y en mi mano dos boletos arrugados. Sigo también los ojos negros que siguen su cuerpo hinchado. El micrero se detiene en una esquina y anuncia un nombre añejo en voz alta. No nombra sino calles antiguas, una tras otra las paradas. Y los rosarios colgantes continúan moviéndose de un extremo al otro. Con cada frenada las cruces se golpean contra los espejos retrovisores, y los cristos sangran una pintura inmóvil por los costados, ambos pies atravesados por un mismo clavo.

Es una tarde de árboles a lo largo de la carretera. Viñas convertidas en sucesivos listones: listones y listones: la rapidez de las uvas por el estriado camino de tierra. Voy golpeando las palmas en mis orejas, voy cortando en dos el silencio, haciendo crujir preguntas en mi pañuelo. En eso se van moliendo los minutos y las horas hasta que el bus se detiene y el micrero grita un último nombre.

Es ahí: ahí la puerta verde y su botón negro.

Mi hermana toca el timbre: ¿traes jeringas?

Al primer momento de espera se suma un segundo: ¿y la botella de alcohol y el algodón?

Y luego habrá otro, el dedo que pulsa, no dejes la insulina al sol, Zoila, insiste y yo asiento pensando en otra cosa. Varias veces seguidas presiona, que no se te olvide ponértela; presiona, mídete el azúcar todos los días; presiona, cuidado con lo que comes: nadie responde y María impaciente hunde el dedo en el timbre: y escúchame bien, que el Viejo no coma tanta sandía.

Hermana hay una sola y sin fecha de vencimiento.

Y el Viejo sigue demorando.

Y aquí estoy yo, frente a esa puerta con mis calzones, camisetas, faldas con flores. Y las jeringas desechables de los doctores extranjeros. Y las ampollas transparentes con mi medicina. Y mi cuaderno de composición.

Y allá, en ese momento, mi hermana: en la vereda del frente, con la mano alzada deteniendo la misma micro con el mismo conductor que ahora se devuelve por el mismo camino hacia la calle del Ojo Seco. Esa mano se despide y el tiempo retrocede: parece estar diciendo lo que dice cada nueve meses, que regresará en nueve días a buscarme.

Y yo pienso: ojalá se demorara nueve años.

La puerta se abre y aparece ese Viejo alto y arrugado, de mejillas estragadas, de pesados párpados.

El viejo tiene la fecha de caducidad estampada en la frente.

Es un saco de años, pero de años cada vez más deshidratados.

Es el hombre fajado con el que he venido a quedarme tantas veces: ahora lleva un azadón en la mano y no me saluda. Por un instante dudo que sus ojos opacos me hayan registrado.

Al verlo alejarse por el enjuto corredor de madera me pregunto si será cierto que antes hubo otro hombre dentro de este Viejo: uno corpulento que trabajaba su propia huerta y dirigía su propio sindicato en la fábrica de calcetines, uno que llenaba esa misma ropa ahora arrugada, uno que no arrastraba los pies como este. Porque a este Viejo cada año le cuelgan más los pantalones. En el cuello ancho de la camisa se mueve, para arriba y abajo, una masa de pellejo.

El Viejo se detiene, mira hacia los lados. ¿Dónde estás? La masa arrugada sube, baja. Ven de inmediato, dice su voz gastada. Es hora de postre, dice; me empuja, me ofrece una silla. Sobre el plato un largo cuchillo; sobre el cuchillo, moscas; sobre la mesa una sandía rota con una cuchara clavada en el corazón. El Viejo maniobra en su interior mojándose el puño de la camisa, y la voz de mi hermana me advierte, otra vez como cada vez, que no coma tanta, ¿me oíste, Zoila? Pero por qué evitar que exprima la jugosa carne de la sandía este Viejo de encías ralas. Lo examino, desabotono su camisa con los ojos: la arrugada piel de su cuello sube, baja: me captura. Y el Viejo vuelve a levantar la cuchara.

¿Cómo te llamas?

Como si no supiera: Zoila.

¡María!, cree adivinar pero equivocándose. Un hilo de jugo se derrama de su boca.

María no, ¿no me habrá oído? Le repito, Zoila.

El Viejo deja de cucharear y levanta la cabeza: cacarea una risa de gallina: ¡soy la, soy la! Y después, otra vez, ¡soy la quién, la María!

Cuentan que el Viejo era un hombre lleno de fuerza, un hombre lleno de ideas, un líder lleno de reformas pero ahora es un hombre vaciado y seco. Se ha vuelto infalible en el olvido, eso me ha dicho el Enfermero, aunque no habría sido necesario que lo dijera, porque el Viejo no retiene ni mis nombres ni mi cara, ni siquiera retiene la comida en la boca: sólo traga pedazos enteros de su sandía, a cucharadas.

Sus preguntas se clavan en mis ojos como tenedores, cada mañana.

Cómo te llamas.

Qué estás haciendo aquí.

De quién es ese pie que se insinúa debajo de la sábana.

Cada año está peor: un poco más sumido en el pasado, su cuerpo consumido. No importa qué le diga: en cinco minutos su memoria se habrá tragado mis palabras.

Le encajo unos raídos calcetines y pantuflas en los pies. Se levanta, se queda mirando por la ventana. Todavía no aclara.

Vamos, María, dice, titubeante, vamos... Vámonos...

¿Adónde? No hay adónde, pienso. ¿A la calle, vamos?

Vamos, repite con las pantuflas mal puestas y el pijama caído. Tiene el ombligo muy hundido cuando se vuelve a sentar, se queda quieto.

Cazo su mirada perdida. Cazo también su siguiente pregunta en mi pañuelo.

¿Dónde se metió?

Y después, una vez más, mirando por la ventana.

¿Dónde está? Vamos a buscarla.

¿Adónde, a quién?

A la María, pues, insiste el Viejo.

Está lleno de moscas este silencio, lleno de cucharas.

El Viejo viene trayendo en brazos una sandía aún tibia de su patio trasero. La pone sobre la mesa. Con la punta de su cuchillo le traza una raya sobre la piel. La punta y toda la hoja se entierran, y un hilo deslavado se derrama tiñendo el mantel.

Oigo el desgarro: su cuchillada la ha desmembrado y él mete los dedos por la grieta para terminar de abrirla. Levanta su cuchara entre el agitado zumbido de las moscas, la entierra.

Ojalá la muerte fuera siempre una violenta cucharada en el pecho.

El Viejo engulle y yo también. He perdido la cuenta de las sandías que hemos comido en estos días: que no coma tanta y tú menos, ¿me oíste? Que no, pero es lo único que hay aquí: grandes sandías tibias, maduras, empalagosas, que el Viejo extrae de la tierra con sus grandes manos secas. Otra mosca se posa sobre el mantel. La hipnotizo, la aplasto. La dejo caer sobre la bandeja que llevo a la cocina. Ahí lanzo las cáscaras huecas con las moscas reventadas al basurero: las gordas y negras moscas de marzo.

Me demoro en la cocina examinando sus alas.

Están también zumbando en la sala, pero dónde está el Viejo cuando regreso.

¿Viejo?

Ahí lo encuentro: inclinado sobre la mesa, con la cara metida en la mitad hueca de la sandía. Ante mí sólo su cráneo redondo y liso como la cáscara. Y la cuchara en el suelo, y el cuchillo clavado en la mesa. Está tan quieto: una mosca se posa sobre su cabeza, se atusa las patas sobre su cráneo. Espanto a otra mosca que avanza por el borde verde de la cáscara. Una más se monta sobre su manga.

El Viejo no se mueve

Que no coma tanta, pero ya comió y se sació y ahora el Viejo está durmiendo.

Y cómo despertarlo, ahora, de su pesado sueño.

Cómo detener la orina tibia que está soltando sobre mis rodillas, sobre la alfombra.

Toda mojada corro por el pasillo hacia la pieza en busca de mi insulina, de mis ásperas jeringas, nueve, once, quince jeringas, y de vuelta a toda velocidad: que despierte pero no despierta y yo lleno la primera jeringa, le levanto la manga, empiezo a pincharlo. Mis jeringas llenas de insulina se le clavan encima como alfileres, en ese brazo y en el hombro y en la espalda y sobre el cuello y el pecho. Le entierro jeringas en sus mejillas chupadas y hasta en el lóbulo de la oreja.

El Viejo no parece sentir nada, no se queja. Lleno la última con la insulina que me queda, se la clavo en la pierna. La botella está vacía pero nada sucede. Y las moscas siguen zumbando, zumbando, como una corona negra alrededor de su cabeza, sobre la arrugada servilleta de tela. Me seco las manos con la punta del mantel, aplasto a una última mosca gorda contra el frío pie del Viejo y deslizo la lengua sobre una gota de sangre que brota de su brazo. Sabe a sandía, su sangre. Toda la casa huele a orina.

esta espera saturada
de consonantes y síntomas y
notas conjeturales y pistas
falsas o verdaderas;
esta espera con su S intercalada
entre sustantivos
esa ese
descomponiendo mi cuaderno
entre mis dedos
manchando la superficie cuadriculada
de mi cuerpo

(cuaderno deScomposición)

El auto da una vuelta veloz a la esquina y un charco de barro se levanta cubriendo la patente. Ese mismo auto verde, el mismo Enfermero de los últimos años, me dejó hace unas horas en la puerta de nuestra casa. Después la calle del Ojo Seco volvió a quedar desierta. El Galpón, a lo lejos, también parece vacío. Será domingo, o quizá es feriado: para mí los días son todos parecidos. Salvo este, el día que regreso de la otra casa y me encuentro con mi hermana que regresa del hospital que parece hundido al final del camino de tierra.

Los torpes dedos de María revuelven la cartera llena de remedios, no dan con las llaves extraviadas bajo frascos de fierro, de calcio, de vitaminas, hasta que las pilla, y la puerta cede, y ella entra transformada: desinflada, envejecida. Tiene un rictus de cansancio y no me saluda. Evita mirarme mientras se suelta la larga melena y deja un bolso de ropa sucia sobre la silla.

Empiezan a sonar los relojes: son las diez y media en punto de un día lunes y es por eso que no parece haber nadie.

Desde el baño me pregunta qué tal el nuevo viejo.

Otro viejo entre tantos viejos, le digo intentando que no note el odio que siento por todos ellos, y por dejarme en sus viejas casas. Desde que el primero se derrumbó sobre su mesa, desde que se encogió entre los muros de su casa, ha habido una sucesión de ancianos taciturnos destinados a cuidarme.

Todos esos asquerosos viejos con aliento ácido en la boca, con olor a añejo. Viejos de los que no quiero saber nada, nunca. No iré más donde ninguno de ellos. Es por ti que hago todo este esfuerzo, contesta mi hermana con una voz escuálida desde el baño. Carraspea, tose, se lava la cara para no pensar en lo que acaba de anunciarme, para llenar mi silencio y el suyo. Tose, carraspea largamente, luego me llama como si suplicara.

Cuando me acerco veo sus largos dedos ordenando las botellas de tabletas en el mueble de los espejos; las organiza por colores –blancas, amarillas, naranjas, rojas y verdes– del mismo obsesivo modo en que dispone y distribuye los fertilizantes de las cosechas en el campo.

A partir de mañana, dice de pronto sonriendo, desde mañana mismo, ese Enfermero que nos acarrea de vez en cuando va a ser nuestro empleado exclusivo, enfermero de veinticuatro horas y a domicilio, para todo tipo de servicios, masculla con la cara iluminada, con una pastilla entre las muelas. Toma agua. Se sienta flaca como nunca en el borde de la tina, se traga juntas otras tres pastillas y agrega: por fin gozaremos de privilegios. Me los he ganado, Zoila, con el sudor de mi frente y meses de trabajo, años de sacrificio, dice, secándose los labios. Privilegios por fin, ¿me oyes?, pri-vi-legios.

Pone el punto final y me ordena que abra la boca, trágate esta vitamina que te encuentro cada día más desgarbada. Y obedezco porque ese placebo que me pone en la lengua, ese que receta el médico, no sirve para nada. Que me la tome, insiste mi hermana esperanzada, traga, por si las moscas, Zoila. Tienes que estar bien para cuando sea posible el transplante. Y pronto todo va a estar bien y hasta mejor, dice inspirada, eufórica. Que siga arreglándose el pelo, que se lave bien los dientes y se maquille; que siga intentando convencer al espejo. A mí sus sueños no me importan.

Cada tres exactos meses mi hermana deja en el baño las botellas de conserva reservadas para mí: sus deslavadas etiquetas lucen las iniciales de mi nombre. Esas son las botellas donde esa otra que yo soy, esa otra llamada Z.E.C., dona obedientemente su orina para el análisis microscópico de sus constantes embustes.

Veinticuatro horas exactas de urea para rastrear el azúcar desperdiciada, el exceso de proteínas, toda suerte de partículas que el organismo de Z.E.C. va desechando por exceso o falta de insulina.

La orina no miente como miento yo.

Sé que más temprano que tarde aparecerán las primeras huellas del estrago, los indicios que contradicen el esforzado optimismo de mi hermana. Sé también que las malas noticias provocarán su ira, largos días de silencio con sus largas noches. Es por eso que durante esas veinticuatro horas de humillante recolección no tomo agua: ni una gota de líquido trago. Voy surtiendo las botellas de conserva con chorros espaciados y turbios, que después diluyo con agua de la llave.

Nunca lograré adulterar los resultados. No podré ni falsear las pruebas irrefutables de mi descuido. Continúo mirándome en mi reflejo amarillo y multiplicado de las botellas: ahí estoy toda yo, hasta la última gota de mí en estado puro pero concentrada, envasada, amontonada en el suelo del baño.

Enrosco las tapas. Abro mi cuaderno y anoto frases que luego descompongo en versos mientras espero la llegada del Enfermero.

El Enfermero comparece siempre para extraer y llevarse algo de mí: las botellas llenas, la sangre de mis venas. Toca siempre tres veces la bocina para alertarnos de su inminente aparición.

Se detiene el motor. Enciende su cigarrillo y se baja del auto. Viene uniformado como un militar, se queda un instante inmóvil dentro de sus botas, bajo la sombra de árboles corpulentos, fumando, y luego recupera el movimiento haciendo tintinear su manojo de llaves. Nuestro uniformado Enfermero se quita la gorra, la guarda en su maletín. Se abotona el delantal blanco y lo plancha con las manos.

Abre la reja.

Nosotras esperamos que toque la puerta.

Mi hermana disimula la impaciencia haciendo aparecer una manzana de su bolsillo y después un afilado cuchillo con el que la desuella cuidadosamente: su monda lustrosa va cayendo enroscada sobre el plato. Por si los químicos, explica María en voz alta, hay que pelarla incluso después de lavarla. Lo dice y le entierra los dientes delanteros.

Es el instante preciso: el Enfermero se asoma por el umbral, se acerca por detrás, le besa la comisura. (Otros besos caerán más tarde sobre el resto de su cuerpo.) Mi hermana devora su manzana y se traga las semillas negras como vitaminas. Toma el sobre que le entrega el Enfermero y desaparece sonriente hacia el baño: al rato oímos correr la ducha, oímos su canto enredado en el agua y la espuma.

Pronto me olvido de ella, de sus largas duchas dos veces al día, de su batalla incierta pero tenaz contra las infecciones. Él parece olvidarla también desde que pone un pie en la sala y su maletín sobre la mesa.

Con aliento a cenicero, con el timbre persuasivo de su voz, me anuncia una primicia que le importa aun más que mi hermana. Una noticia que va a interesarme, asegura. Toma nota, eso dice: la Anciana de la Tercera Sala dejó de respirar anoche.

No importa que no quiera escuchar los detalles que el Enfermero se empeña en contarme: sus cuentos preferidos son los casos terminales y los accidentes graves.

Deja junto a mí una jeringa de vidrio y una aguja gruesa.

Arremangarme el brazo y palparme la vena son gestos silenciosos que producen el suspenso. Porque luego me da la espalda, se lava escrupulosamente las manos y con espuma hasta los codos empieza a contarme que la Anciana era uno de esos pacientes que van y vienen, de esos que cualquier mañana entraban al hospital y esa misma tarde salían, cargados de recetas y de exámenes.

El enfermero asegura que esta Anciana era peculiar: llegaba dando tropezones y golpeándose la frente en los cristales: nadie se había percatado de que estaba casi ciega, legalmente ciega, de que no podía ponerse sola las inyecciones, de que no era capaz de distinguir las pastillas de la mañana de las de la noche. Hasta que la última vez llegó arrastrándose como una mendiga, con la mirada perdida y las rodillas ensangrentadas y con piedritas incrustadas en las palmas.

Tenía completamente negros los dedos de los pies, dice el Enfermero, los diez dedos, incluido el más pequeño. Oscuros como castañas. Mientras se enjuaga su voz enfática repite: diez castañas recocidas y blandas por dentro, así traía los dedos la Anciana.

Instalándose frente a mí, levantando las cejas, me explica que tuvieron que cortarle las falanges. Pero las diez heridas no cicatrizaban y le cortaron ambos pies hasta los tobillos.

Se seca las manos, se enchufa unos guantes transparentes de látex sin interrumpirse.

Me dice que la Anciana pidió cita con el Médico, que era también su cirujano, que sería dentro de poco su principal adversario. Iba a pedirle que por favor, porfavorcito insiste el

Enfermero, que le matara las hormigas que le recorrían día y noche las plantas de los pies.

Pero qué pies, me pregunto yo confundida, mientras el Enfermero unta su algodón en alcohol y lo frota en mi brazo. Exacto, dice él leyendo mi mueca. ¿Qué pies? Eso fue lo que exclamó también el Médico, aun más confundido que tú, levantando la sábana para cerciorarse de que se los había cercenado.

Mis pies doctor, dijo también la mujer: me caminan hormigas entre los dedos.

¡Pero no hay pies aquí, señora!, discutía el Médico, pero, hay, corrigió la Anciana: hay pies y dolores, eso lo saben hasta las hormigas muertas. Y cuando oscurece, agregó, más pies tengo, doctor.

El Médico no podía aceptar lo que decía, y sugirió que sólo se trataba del fantasma de los pies, del fantasma del dolor.

No hubo caso: la Anciana afirmaba que los fantasmas existían si causaban dolor, y en mis dos pies hay dolores, y hormigas desesperadas.

El Enfermero saca cinco tubos de su maletín, los pone junto a mi brazo descubierto, y sigue diciéndome que la Anciana continuó quejándose: arránquenme porfavorcito el alma de los dedos, decía, porque las llagas permanecían abiertas, supurando.

La camilla se abrió nuevamente paso por las anchas y batientes puertas del pabellón mientras la Anciana rogaba que sólo le quitaran el alma de los pies, pero nada más, porque le arrancaban pedazos para injertarle dolores.

Sus ruegos no detuvieron al Médico, me dice el Enfermero haciendo rodar entre sus palmas los tubos etiquetados y vacíos: él abrió con cuidado su pastillero y se tragó sin agua una tableta, les dijo que si no hacían lo que debían podrían ser acusados de incompetencia. De negligencia, dice el Enfermero anotando mis iniciales en las etiquetas.

Ya la Anciana estaba atontada sobre la mesa de operaciones cuando agregó: Podrían culparnos de negligencia si dejo que esas piernas se sigan descomponiendo. No podemos arriesgarnos a las denuncias, a los sumarios, a juicios que mermarían nuestro presupuesto y la creciente reputación internacional tan costosamente adquirida y siempre en riesgo. Recuerden, les dijo, me dice el Enfermero, nuestros clientes son siempre también nuestros potenciales enemigos. Nuestros detractores, nuestros inmisericordes acusadores. Que no se les olvide, señores.

Y no lo olvidábamos, dice ajustándose exageradamente los guantes en los dedos, pero la Anciana en fase terminal empezó a insistir que la dejáramos morir. Lo exigía, pero él se empeñó en que no, no, nunca, diciendo a quien quisiera escucharlo que la muerte era contraria a la ética médica. Se hará lo que yo diga, dijo, me dice el Enfermero, que para eso soy el Médico tratante, además de director, fundador, accionista principal y benefactor de esta institución. No soy Dios para dejar morir a ninguna vieja, además Dios no estudió siete años de medicina como para saber qué es lo justo en estas situaciones. Dejarla morir, ni muerto.

El Enfermero se defiende sin mirarme: Por más que le inyectábamos insulina y antibióticos, la herida seguía abierta. Me agarra con fuerza el brazo para que no me escape. Tendría que taparme los oídos, ignorar lo que me cuenta pero quiero saber cuál fue el devenir de la vieja: Cada vez eran piernas más cortas y alegatos más largos los de la Anciana. El Médico rebanaba de a una sus quejas, cauterizaba y cosía los labios rojos del nuevo corte. No corría ni una gota de sangre por la mala circulación de sus muñones, y le amputó todo, menos la voluntad.

Mutilada estaré, decía hacia el final, lúcida, ácida, certera, pero soy una mujer entera ante la muerte. Y los pacientes de la sala común aplaudían. Y el Médico, quitándose los guantes se preguntaba en voz alta por qué no le había cortado también la lengua.

El Enfermero estrangula mi brazo con una gruesa huincha elástica. Empuña, me dice, mientras le da palmadas al lugar de la vena. Toma aliento y me clava con la aguja, con sus palabras: A la mañana siguiente la Anciana amaneció muerta. Nunca he visto un cadáver más sonriente. Sus ojos cegatones estaban muy abiertos, parecían estarnos mirando con sarcasmo cuando la cubrimos con la sábana.

Seis de la tarde: los relojes lo están anunciando.

Sus tubos están llenos de mi sangre y el aire de repente se espesa. Es mi hermana que sale del baño envuelta en una toalla. Se detiene en el umbral: está lista para ser atendida por el Enfermero. Con la uña le escribe un mensaje de aire: ¿Ya terminaron?

La intervención de mi hermana quiebra el monólogo del Enfermero, que da un paso atrás, que sí, María, ya estamos terminando.

Recoge todo, entra en la pieza y la conversación se ahoga detrás de la puerta.

Debo afinar el ojo, sobre todo el oído, en la cerradura.

El Enfermero saca su instrumental. Le enchufa un termómetro bajo el brazo y la examina. La desnudez de mi hermana parece hueca: la piel alrededor del ombligo está ajada, le sobra por todos lados como si esa piel arrugada no le perteneciera. Mi hermana ha sido tantas veces turgente y ahora parece reseca, repulsiva. Pero al Enfermero no le perturba ese espectáculo: sus ojos brillan mientras le hunde los dedos por los costados. Escucha su respiración, los latidos del corazón en los pechos lacios. Su cuerpo funciona perfectamente, oigo que le dice. Está lista para una nueva temporada.

Perfecto, dice mi hermana.

Y el Enfermero, de nada.

Pero siguen sin moverse, mirándose fijo. El Enfermero titubea, retrocede y avanza mientras mi hermana parada frente a él se viste. Le sonríe, ¿qué pasa?, y él baja los ojos al suelo, como un niño que guarda un secreto de manera visible. Se mete la mano en el bolsillo de la camisa y extrae un recado del hospital, del Médico General y de los expertos extranjeros que están de visita para el nuevo congreso internacional. Es el recordatorio del compromiso con el hospital, el contrato escrito, aquellos documentos que en la última visita se olvidó de firmar...

Pero María no parece sorprenderse de su olvido, no se sonroja. Mientras mete sus brazos en las mangas y se abrocha el uniforme va susurrando en su oído una larga explicación a la que el Enfermero asiente.

Ambos están asintiendo, y entonces María abre un cajón y saca un fajo de papeles: es ella quien habla con una voz cambiada, la voz repentinamente áspera y astuta de la profesional, de la química dando órdenes a sus asistentes en el Galpón. En un instante mi hermana ha dejado de ser la María y se transforma en la analítica Mayor que saca cuentas, discute, regatea un precio con el Enfermero. Es toda una discusión a susurros, retahílas que no entiendo. Sólo sé que la Mayor encuentra su calculadora y presiona los botones que suman y multiplican como el modo más convincente de argumentar.

No está mal, nada mal, pero podría estar mucho mejor, murmura con las mejillas incendiadas y el pelo revuelto. No es tonta mi hermana, y ella lo sabe: ha sido su inteligencia la que nos ha sacado de la miseria en la que nos dejó nuestra madre, ha sido su eficiencia única con los químicos lo que nos ha puesto en esta casa de adobe. Su lucidez me mantiene viva y en deuda, para poder zafarme de su inteligencia tendré que ser más astuta que ella.

Ahora la Mayor sonríe satisfecha porque presiente que el Enfermero cederá, capitulará ante su interrogatorio que es también un ofrecimiento de trabajo. Sin poder resistirse corroborará los datos con una sonrisa que es más bien nerviosa: este año, es verdad, como nunca la demanda de tejidos y de órganos ha sobrepasado la oferta. Y la demanda seguirá aumentando. El Enfermero empieza a confesarle que lo que ella sospecha es cierto: el hospital está cambiando, se está especializando en la investigación sobre toda clase de transplantes.

Es por eso que vienen tantos médicos y tantos pacientes del mundo entero a operarse en sus pabellones.

Es por eso que han crecido los laboratorios y aumentado los experimentos.

Es por eso que mi hermana puede subirle el precio a su colaboración con esta causa ilegal aunque haya sido ideada para salvar gente.

El Enfermero revela más de lo que venía a contarle. Él siempre habla demasiado, habla sin poder detenerse y mi hermana lo sabe: y es también por eso que lo invita a pasar cuando viene. Le va lanzando preguntas, y él se va entusiasmando con su propio hablar: va subiendo el volumen de sus palabras.

Ahora oigo que le confidencia que han caído otros mercados por regulaciones proteccionistas, por crisis políticas y hasta revoluciones; que en los países del Norte ha aumentado la vigilancia. De modo que sí, que efectivamente, ella podría pedir o más bien exigir más dinero y por adelantado. Puede y debe elevar el precio de sus riesgosos nueve meses de trabajo.

Mucho más, María, el doble o más bien el triple.

Subiremos el precio entonces, dice mi hermana sonriendo: pierde cuidado.

Y los relojes repiquetean, retumban, estallan: dan las siete.

se desviven por la fruta fermentada
moscas de vocación alcohólica
moscas vampiras y cardíacas
enamoradas de mi sangre
dulce, moscas mercenarias
procreadoras veloces, aladas
que devoran y después huyen

(cuaderno deScomposición)

En medio de los frutales, el gran Galpón techado de zinc. Otra vez a ese lugar se dirige mi hermana, otra vez tras desembuchar el desayuno. Balanceándose se aleja, y agarrándose la panza a ganarse el fruto nuestro de cada mañana.

La Mayor desaparece tras la alambrada del Galpón. Encaramados, unos sobre otros, como si estuvieran en celo, los perros la saludan a ladridos.

Sobre su escritorio suena y suena un teléfono hasta que ella alcanza el auricular: al otro lado de la línea la voz del Ingeniero le da los buenos días.

Llamaba para asegurarse de que llegó temprano y sin contratiempos. Los teletipos han informado de la nueva plaga. ¿Ya se había enterado? Hay campos enteros por el suelo.

La Mayor se remueve en su silla, se le contrae la panza. Esta es una emergencia que podría acabar con la fruta.

Y con los tractores y sus operarios.

Y con las temporeras al menos una temporada.

Su puesto de trabajo y la Empresa entera estarán en riesgo si las acciones en la Bolsa se derrumban.

La Mayor contesta a todo con su sí Señor, claro Señor, por supuesto. Y en cuanto el Ingeniero pone el punto final al informe matutino, ella se seca la frente. Soplándose las mechas alcanza la última edición del pesado manual. Su dedo ensalivado va buscando la página, saltándose las letras; bajando por la EME sus ojos encuentran la pena capital en el listado de las pestes.

MOSCA DE LA FRUTA, *drosophila melanogaster.*

Mosca africana más pequeña que la doméstica. Más fértil. Más estilizada. Su cabeza más chica que la de un fósforo. La Mayor no sabe nada sobre esta diminuta pero peligrosa plaga. Este insecto se alimenta de la pulpa acelerando su oxidación y manchando la cáscara. Inserta sus larvas dentro de manzanas, ciruelas, uvas que la nutren. Y ahí crecen sus criaturas mientras van pudriendo la fruta, para abandonarla luego, y reiniciar el ataque.

En los frutos de pepa viajan, exclama, ¡malditas moscas cosmopolitas!: en nuestra mercancía de exportación y en el postre de los turistas. Pero la voladora tiene puntos vulnerables y la Mayor clava ahí sus alfileres: investiga qué método será más eficiente, si las pegajosas trampas con incentivos sexuales, si la esterilización total de los machos, si las poderosas mezclas de veneno almacenado en su subterráneo.

La Mayor toma nota, cierra su manual de golpe. Regará el campo de pesticida, aniquilará a la mosca. A como dé lugar va a deshacerse de ella, se dice triunfal a medida que desciende por los escalones, con cuidado, deteniéndose cada tres, cada cinco peldaños para recuperar el aliento.

Le pesa la cabeza, pero más el cuerpo.

Avanza con pasos cortos pero firmes, cubriéndose la nariz para no marearse con el olor penetrante de la fruta que satura el aire del Galpón; la Mayor en su uniforme camuflándose entre cientos de temporeras de gris, temporeras enguantadas y también enmascaradas que van colocando una manzana y después otra, un racimo tras otro, en bandejas de cartón. Es una épica hormiguera la laboriosa y extenuante faena de las temporeras, piensa mi extenuada hermana dejándolas atrás, dando un paso y después otro hasta que ese verdoso espectro que es la Mayor se materializa en el subterráneo y recobra el color. Respira hondo.

Ha llegado ante la desdibujada calavera a tiza, ante la puerta con tres candados. Pero la cancerbera tiene las llaves a mano. El asistente las arranca de su puño y le abre.

Dentro se pasea entre los tambores que almacenan la muerte en estado líquido. La Mayor va leyendo las etiquetas de los químicos que aniquilarán las futuras y presentes plagas. Los hongos ocultos bajo la corteza de los troncos. Las malezas que estrangulan las raíces de los árboles. Los guarenes nadadores de los canales de regadío. Todos deben ser destruidos por ella para que la fruta engorde, para que los duraznos peludos y pelados, y también los damascos crezcan perfectos, para que apenas amarilleando en la rama cada una de las frutas sea arrebatada de su ciclo, manoseada, interrumpida su maduración, transportada a los galpones, medida, pesada, desinfectada, verificada en un exhaustivo control de calidad, envuelta en papel por la fría caricia de látex de las temporeras. Desde su ventana la Mayor incluso vigila que la fruta sea correctamente colocada en los cajones de madera y vaya avanzando por la cinta hasta que la cosecha desabrida se pierda en los enormes contenedores que también desaparecerán cuando se cierren las compuertas de los camiones. Viajarán a baja temperatura, le generarán beneficios a la compañía exportadora. Y atrás quedará sólo la fruta caída, la fruta picada por los pájaros o mordida hasta el hueso por implacables gusanos.

Pero eso será después.

En este instante crucial la Mayor se esmera: manda abrir los grandes tambores y lanza lejos la prescrita mascarilla. Arremangándose el uniforme, revuelve con su vara de madera los sedimentos químicos apozados en el fondo. El remolino despliega sus tóxicos olores mientras la Mayor cierra los ojos y se vuelve toda nariz, toda ella una enorme y sensible nariz que aspira para cerciorarse de que las etiquetas correspondan al contenido de los tambores. Su absorbente órgano (el verdadero cerebro de mi hermana) se expande, se hincha de sangre, y minutos más tarde se encoge, analiza, decide cuántos cucharones de este recipiente y de ese otro serán necesarios para la pócima.

Ya, dice la voz repentinamente gangosa de la Mayor, que se levanta con un dedo la punta de la nariz exhibiendo el oscuro interior. Sus ayudantes cierran nerviosamente los tambores, limpian y guardan los cucharones sin mirarla a los ojos, sólo oyendo esa voz profunda que da las últimas instrucciones.

Ya, dice, en cuanto franquea nuestra puerta con su llavero todavía entre los dedos; ya volví, anuncia levantando un poco su tono nasal por sobre la voz sin cuerpo de la radio encendida sobre la mesa. Levanto los ojos del cuaderno y la miro, la examino: mi hermana trae la nariz inflamada por el trabajo. Su garganta irritada por los venenos.

Se detiene en el medio de la sala y olfatea, husmea desconcertada.

Se dirige a mi boca: que la abra de inmediato. Que saque bien la lengua y le dé el aliento. Su nariz se me mete dentro, rastrea los vestigios adosados a mis encías. Y no hay cómo engañarla: de nada ha valido que me escobillara con fuerza los dientes, que me enjuagara e hiciera gárgaras.

Da un paso atrás, indignada.

Golpea con el puño la mesa.

Apestas a mermelada. A pan con mucha mantequilla y demasiada mermelada. ¿Crees que me engañas porque estás en los huesos? ¿Crees que no sé que toda esa azúcar te desnutre, que acorta tus posibilidades y apura tu muerte? ¡Estás malgastando mi trabajo!

Y mi hermana se desploma sobre la silla, rendida, con los brazos desmayados. No sé si llora de rabia, de tristeza, o simplemente de cansancio. Yo no me canso de sus ojos repentinamente oscuros, de su respiración agitada, tengo una energía infinita para la resistencia y la desidia. Esa hermana que se moja los labios con la punta de la lengua y suspira no contempla la posibilidad de que me niegue a sus cuidados, que me niegue a la inmortalidad, que prefiera una libertad de corto plazo.

La libertad de los suicidas, dice María poniéndose seria.

El ocio improductivo de los indolentes, dice como si estuviera leyendo en voz alta alguna página de la enciclopedia que decora su oficina.

Se ha vuelto más irascible y rotunda con los años, más impaciente, más obsesiva con la vigilancia y las horas de trabajo.

La Mayor hace chirriar sus muelas cuando duerme.

En qué momento acepté hacerme cargo, murmura cuando sabe que la oigo.

En qué momento, y para qué todo este trabajo por salvar vidas.

No me dejaré vencer por ti ni por nadie, ¿me oyes, Zoila?

Los médicos le aseguran a María que mi desobediencia es provocada por un gen hereditario. La desobediencia es otra enfermedad congénita, también irremediable. Se lo confirman en el hospital cuando me lleva para quejarse: los camilleros lo dicen, las asistentas sociales lo repiten, el Enfermero asiente con la cabeza y sonríe dándole la razón a toda la junta de médicos: los locales y los visitantes. El Director General revisa sus libros con sus ojos hundidos en los lentes y hace pasar a los especialistas que acaban de llegar con sus maletines de cuero y sus enormes maletas llenas de materiales desechados en el hospital del

Norte. Estos médicos son de diversos países pero todos hablan una misma lengua: el idioma del corte y la confección donde la intrincada dicción parece coser las palabras con un solo hilo que yo no sé desenredar del todo. Entre ellos, en esa lengua de distintos acentos, discuten mi caso. Y todos asienten mientras el Cirujano General nos traduce: ningún científico ha aislado todavía el factor causante de mi mal y de mi indisciplina, nadie trae informes positivos del procedimiento quirúrgico prometido: el transplante de páncreas ha sido descartado y ahora se está estudiando la posibilidad de injertar sólo un pedazo, el islote donde anidan las células productoras de insulina, o incluso aislar y transplantar simplemente las células por separado. Pero es todo muy complicado y difícil todavía, habrá que seguir esperando... Esperando y colaborando cada uno a su modo con la medicina, enfatiza el Médico fijando sus ojos grises en mi hermana. No dice nada sobre las impredecibles marejadas de las hormonas sexuales femeninas que aparecen con el desarrollo y empeoran la situación, no dicen una sola palabra sobre nuevas tecnologías que podrían facilitar mi cuidado.

Da por hecho que yo no tengo remedio, y eso me consuela.

Sólo quiero que las visitas al hospital se terminen, que esta obsesión se acabe: que me dejen de verdad tranquila.

Cualquier tarde reconozco el sobre azul de los exámenes bajo la puerta.

Viene del laboratorio, sellado, pero sé que revela las altas cifras de azúcar en mi sangre. Mi cuerpo es una fruta ya madura: pese a la delgadez que provoca mi extrema dulzura, estoy aumentando bajo la ropa, me redondeo por todos lados. Está creciéndome pelo en lugares inesperados y de mí ahora surgen líquidos extraños.

No soy, nunca seré, la hermana desabrida y perfecta que la Mayor quisiera.

Escucho sus pasos en la entrada.

Ya estoy bajo las sábanas cuando ella entra: hinchada, malhumorada, cargando sus dolores en la espalda (la mosca de la fruta zumba en su cabeza).

La luz se enciende.

El tiempo parece detenido dentro de sus pulmones hasta que rasga el sobre y su mano se apoya sobre la silla. Profundas arrugas se dibujan entre sus cejas. Sé que una rabia instantánea le incendia la cara. Su mechón le cae lacio sobre la frente mientras prepara la comida. Pero no me llama. Yo espero que diga algo pero no dice nada. Acuesta los cubiertos sobre su plato vacío y sólo entonces se acerca hasta la puerta de mi pieza. Deja caer la hoja del laboratorio sobre mi cama.

Zoila, dice su voz amarga.

María, contesta la mía con la misma fuerza.

Eso es todo, esta noche. Este diálogo esquelético es suficiente para marcar la distancia entre nosotras. Mi hermana y yo vivimos en trincheras opuestas de este campo de infinita producción y reproducción. Ella concentra sus esfuerzos en el plan aéreo contra la peste; yo intento boicotearla. Industriosamente ella siembra, fertiliza, pare y negocia; yo empiezo a planear el modo de desarticular toda su empresa. Se ha empeñado en mandar fruta sana a la empresa importadora dirigida en el Norte por mi Padre, y yo imagino que me infiltro, gangrenada, en esa tierra suya siempre prometida.

Zoila, repite mi hermana: su Zoila se estrella como un pájaro incauto en la ventana.

María, contesto yo sin inmutarme.

Zoila, ¿por qué me estás haciendo esto?

Y yo sonrío en silencio, me río a carcajadas en la oscuridad.

En su voz, indignada, mal dormida, exhausta, apenas resignada pero ya casi indiferente, hay un sonido a monedas desperdiciadas. ¿Qué va a decirle a mi Padre si algo me sucede? ¿Cómo va a justificar su fracaso ante la mosca? ¿Cómo va a explicarle que ha fracasado en mi cuidado?

La Mayor vive aterrada de no poder rendir cuentas ante sus superiores: sea el Médico y su junta extranjera, sea el Ingeniero en su oficina, sea mi Padre en el otro continente. La Mayor duda: ¿y si sus planes no funcionan? ¿Si fallan sus cálculos? ¿Qué hará si yo no alcanzo a llegar en condiciones al transplante o si algo sale mal con su donación de criaturas? ¿Le alcanzaría todo ese dinero ahorrado para salvarse, para largarse a un lugar apartado, lejos de todo este tierral, de sus moscas y de sus inminentes tragedias? Porque ese es el problema más urgente, ahora, la mosca africana que en su desplazamiento pudiera haber mutado, afilado las mandíbulas, generado resistencia a los pesticidas e inoculado sus larvas en la cosecha sin que ella se diera cuenta…

Ay de mí si los supermercados devuelven la fruta.

Ay de mis negocios, de mi destino, ay…

Ahora se pasea por la casa hablando sola, repitiendo una y otra vez su desasosiego en una letanía. Cajones de fruta gangrenada por la mosca… Cajones a la basura… ¡Cajones y más cajones de mercancía podrida! No nos quedaría más que repartir la mala cosecha, entre los trabajadores del puerto, entre los camioneros, entre las temporeras, entre los peones que ralean un porcentaje de la fruta para que la demás crezca más grande… Maldita mosca, murmura, encerrándose en el baño; habrá que repartir toda esa fruta dañada entre los muertos de hambre, porque a esos todo les sirve, no le hacen asco a nada… ¿Pero, y yo?, ¿qué haré yo?, se pregunta mirándose al espejo, yo, yo, arrancándose con la pinza un pelo largo que despunta en su nariz, ay yo, yo, que haré, dice, con la voz en un ay mientras se corta las uñas de las manos hasta el borde de la piel, hasta sacarse sangre para que ningún germen se aloje debajo.

Y ay, creo que va a callarse pero no se calla: va retrocediendo desde el inquietante presente de la peste hacia el pasado, hacia la silenciada hambre de su infancia, a la vergüenza de los vestidos viejos y los calcetines rotos en la escuela, hacia sus frustrados planes de estudiar medicina en una gran universidad y de ganar dinero, porque yo nunca lo tuve, porque en el campo nuestra madre no ganaba un peso, no hubo un centavo hasta que se dejó caer el importador extranjero que te engendró, y entonces sí, sisea mi hermana ante el espejo, entonces sí tuve al menos un aval para sacar mi título en la escuela nocturna, en la más prestigiosa de toda ciudad, ¿y el diploma?, ¿dónde puse el maldito diploma?, acá está, dice olvidándose de mí, sí Señor, ¿lo ve?, con sus grandes letras góticas y firmado por el Rector, por supuesto tendría que enmarcarlo, colgarlo en la pared, acá, qué bien se ve en la oficina Señor, ¿no le parece?, colgarlo orgullosa de todo el esfuerzo económico y de la deuda con el extranjero..., deuda que de por vida, mientras viva Zoila, seguiré pagando, pagando además todo ese dinero que le pedí por adelantado para poner la casa, los muebles de la sala, la radio a casetes y la aspiradora y el refrigerador blanco, sí, no íbamos a tener menos que las temporeras o que mi propia madre...

María se queda pensando acariciándose el ombligo levantado. Se huele el dedo, y Señor, ha sido difícil, ha habido que solventar los desafíos domésticos con algún otro dinero que me cae... anualmente..., dice María poniéndose un poco colorada ante el espejo mientras se masajea la cintura. Ay, ese dinero que era para el transplante pero ya no será, no creo que sea así como van las cosas, pero quedará para la nueva casa, la de cemento que algún día voy a comprarme, por supuesto Señor, precisamente, ya lo tengo calculado, una casa de ladrillos y cemento, con un flamante refrigerador importado, de dos puertas, de esos que hacen cubos de hielos y que no necesitan ser descongelados, y un televisor a colores porque no, no es lo mismo ver películas en blanco y negro. Cueste lo que cueste, sí, aunque me salga un ojo de la cara y la mitad del otro, ay, ya lo sé Señor, y sonríe. Y así se queda, un momento mirándose sin saber que yo la espío, hasta que empiezan a desencadenarse los relojes, y mi hermana vuelve a activarse, retoma el hilo de sus preocupaciones contingentes.

Maldita mosca africana, susurra abriéndose el uniforme, desnudando sus pesados pezones inflamados y oscuros mientras mis ojos observan que uno es puntiagudo y el otro, más grueso y cubierto de granos; maldita mosca del África, repite sentándose en la taza y meando un largo chorro. ¿Serán africanas todas las pestes del mundo?, ¿serán africanos también los aguaceros que botan la fruta en primavera o la cubren de hongo en verano?, suspira, haciendo percutir sus uñas recortadas en la loza del váter. Y se limpia de adelante atrás antes de subirse los calzones y subirse el cierre.

Habría que acabar con África, dice, a nadie le hace falta ese continente.

Mi hermana abre uno de sus frascos y se traga su tableta de calcio. Se traga también un puñado de vitaminas sin agua. Tiene que haber un modo de resolver esto, dice, cuanto antes. Esa es mi responsabilidad, yo decido cuánto de este pesticida y cuánto del otro en los aviones y en el aire, yo soy quien mueve con las dos manos, con hasta el último músculo de la espalda, la pesada maquinaria del campo; la que da trabajo soy, y la que provee los supermercados al otro lado del océano, en todos los continentes. En estas manos recae toda la responsabilidad económica y moral; en estas manos, en cada dedo y cada falange… No puedo fallar, murmura María y por fin tira la cadena.

adónde van a parar
las criaturas que ella
engendra, engorda,
a escondidas de mí expulsa;
adónde y para qué, todas ellas,
y por qué tengo que quedarme

(cuaderno deScomposición)

Mi hermana se levanta de madrugada: que planche mi vestido y lustre los zuecos, que me lave los dientes y me desenrede el pelo: aféitate las axilas, cuidado con cortarte. Esa es la señal, mi incansable hermana me llevará de vuelta al hospital.

Hacia cuál de todos los médicos me arrastrará esta vez: a los que integran la junta que cuatro veces al año me evalúa y me cambia las indicaciones que tampoco sigo, o a los especialistas extranjeros que han regresado con sus más recientes artículos y sus avances en diapositivas.

¿Qué médico y para qué?

Ay, Zoila, rezonga mi hermana, todo está cambiando, lentamente pero inexorablemente cambiando y ahora, ¡por fin!, dice entusiasmada quitándose una legaña frente al espejo mientras se seca, ahora los médicos tendrán algo nuevo que decirnos, habrán encontrado algún nuevo remedio, procedimiento o tecnología para acabar con nuestro problema.

La enfermedad es mía, no dejaré que me la quiten, le advierto.

En eso oímos el toque doble de la bocina: es él, lanzando su bocanada de humo y después una colilla pestilente. Lleva puestos sus anteojos oscuros, la ventolera de esta mañana hace batir su delantal.

Nos apuramos.

Abotonando su uniforme gris mi hermana sale a la calle vestida de pesticida y se sube en el asiento delantero. Yo voy de diabética, detrás, todavía dormida, con pinches metálicos incrustados en la cabeza. Atrás voy, dándoles la espalda, mirando como amanece el sol sobre el maletero. Salimos del Ojo Seco, enfilamos en línea recta por el camino que lleva al hospital, y que más allá de nosotros se interna en la ciudad y alcanza el aeropuerto.

El Enfermero no tolera las piedras y los hoyos dejados por la lluvia en el camino; soporta todavía menos el trayecto en silencio. Pero ya no tiene historias de muertos que contar: desde la última reforma sanitaria los enfermos terminales son obligados a acabar sus días en casa. Si no tienen remedio que se vayan, dice el Enfermero que ha dicho el Médico General, porque cada día es más caro el catre y cada vez hay menos camas.

Tijera en mano, dice el Enfermero haciendo el gesto de cortar y coser con los dedos, el Médico les ha confesado en repetidas ocasiones que lo único que verdaderamente le gusta es ese sube y baja del bisturí: abrir, explorar, remover, suturar. Fue siempre la cirugía lo que le interesó. No era suficiente examinar a los pacientes por delante y por detrás, revisarles los lunares, palpar ganglios, bultos, cicatrices, marcas de nacimiento; él quería, sobre todo, observarlos por dentro.

Diagnosticar y dar recetas es sencillo, dice el Enfermero imitando la voz cascada del Cirujano General, lo difícil es conocerlos íntimamente. Agujerear sus órganos y comprender sus desazones.

El Enfermero toma la curva, baja la velocidad: subimos un lomo de toro y lo bajamos, y ya el Enfermero nos ha envuelto en su monólogo: nos cuenta lo que el Médico comenta durantes las largas horas de los pabellones, desdichas, deseos, nostálgicos retazos de la infancia, una radiografía completa de su vida exhibida sin pudor en el quirófano. Nos dice que fue su madre quien le inoculó la fiebre cirujana al Director General. Acelerando la marcha el Enfermero detalla que la madre era una zurcidora de ropa competente y obsesiva que aplicaba su pericia a la cocina. Cada domingo preparaba pajaritos rellenos, o bien cerdos y conejos atiborrados de cebollas y frutos secos. Sin ser estudiante todavía el Médico aprendió las técnicas de la madre, y a medida que fue creciendo, y la madre envejeciendo, era él quien les hacía la incisión en la yugular, los dejaba desangrarse para después cortarlos de arriba abajo y sacarles las tripas. Las iba separando, las limpiaba, las abría, las trabajaba hasta que empezaban a podrirse. Era un aventajado niño anatomista, dice el Enfermero.

Quizá por eso el cirujano invoca a su difunta madre antes de ponerse la mascarilla, como si desde el otro lado ella lo inspirara en la mesa de operaciones, mientras hunde el bisturí en la piel, atraviesa la grasa amarilla y gruesa y se abre paso por los músculos del abdomen. Ante un apéndice inflamado o un intestino arracimado la recuerda, o mientras nosotros observamos estupefactos ese riñón molido que deberá tirar a la basura. Nosotros nos alternamos para facilitarle los utensilios del arsenal, para secarle el sudor; uno de nosotros le enhebra la aguja; los demás nos turnamos el descanso.

El Enfermero se da vuelta para ver si lo estoy escuchando, y sí, aquí estoy, con los ojos abiertos, oyéndolo decir que el Médico nunca descansa, no puede detenerse. Dice que está obsesionado pero esto no es extraño: todos los médicos con los que ha trabajado son obsesivos, explica el Enfermero frenando en la luz roja. Todos parecen creer que podrán suturar las heridas ajenas, pero no han podido curar ni las propias... Y al Médico le sangra el fracaso, agrega, sacando el pie del freno y pasando el cambio, de no haber podido salvar a sus padres.

El Enfermero se interrumpe y carraspea. Mi hermana le golpea la espalda y entonces, en un hilo de voz me dice, mirando hacia atrás y apuntando: allá los enterró y a lo mejor sigan ahí, bajo la torre del Galpón, abonando las infinitas hectáreas donde ahora crecen los frutales. Ahí estaba antes la fábrica de calcetines.

¿Qué calcetines?, pregunta mi hermana, por un momento distraída pero inmediatamente se corrige, ah, sí, la industria de calcetines de su familia, ¿no dicen que su padre tenía un ojo único para los negocios, que fue de las pocas empresas independientes que lograron salir adelante en esa época...?

Exactamente, interrumpe el Enfermero: ahí tejedoras y tejedores producían calcetines a toda máquina. El padre del Médico levantó esta zona y la mantuvo de pie incluso después del terremoto: cuando las casas se vinieron abajo todos nos abrigamos con los calcetines de la fábrica...

Me acuerdo de la nevada que cayó, y de los maravillosos calcetines, interrumpe mi hermana.

Nos salvó de ese frío de hielo, interrumpe a su vez el Enfermero, sin sus calcetines habríamos terminado llenos de sabañones.

¿Qué?

Sabañones, dice el Enfermero.

Esa dolorosa lesión que producen el frío y la humedad, explica mi hermana.

Unas ronchas rojas que pican y duelen, dice el Enfermero. Pero en los pies con mala circulación... ¿Nunca tuviste sabañones?, pregunta el Enfermero.

Nunca tuve problemas ahí, digo mirándome los dedos.

No tiene nada, está perfectamente, repite nerviosa la Mayor.

Bien, bien, nada en los pies... Pero nunca se sabe... nadie puede estar seguro nunca de nada. Nadie, porque en el momento menos pensando,˙de la noche a la mañana... Así fue con el empresario... Un día cualquiera empezó a padecer del hígado. Se le hinchó la cara, se puso flaco, perdió el interés por los negocios y se metió en la cama. Y ya no se levantó... A las tejedoras se les acabó la lana, se detuvieron las máquinas... Y los trabajadores cerraron las puertas de la fábrica y clavaron un cartel que decía, en grandes letras blancas. Cuarentena de lana. Donde antes calcetines, cuarentena. Esa fue la puerta clausurada que tocaron los ingenieros de la fruta unos meses más tarde, cuando cundió la noticia del cierre definitivo. Venían a negociar un precio por las instalaciones desocupadas pero tuvieron que entenderse con las tejedoras desempleadas, con los ineptos representantes del sindicato...

Estos viejos que tú conoces, María, dice el Enfermero sonriendo, y mi hermana asiente y me dice, los que tú conoces Zoila, y yo recuerdo una seguidilla de ancianos que me cuidaron, y desempolvo a un Viejo mustio entre sandías y moscones, mientras el Enfermero sigue contando que el Médico se enteró muy tarde de lo que estaba sucediendo, y cuando llegó supo que ya no había nada qué hacer. Se sentó a los pies de la cama a verlo morir. Y murió una noche, pero a la mañana siguiente también su madre amaneció fría. Fue un golpe mortal para ella, para ambos.

Cuentan que se encerró con los cadáveres y durante toda una noche les practicó la autopsia. Bajo las infinitas capas de piel y grasa y huesos su padre tenía el hígado podrido pero la madre estaba perfecta, era como todos los cerdos y conejos que él había abierto. Cuentan también que guardó sus corazones en formol, juntos en una misma botella... Unos preciosos corazones que tiene en la vitrina.

Los he visto en su oficina, dice mi hermana levantando la voz.

Efectivamente, responde el Enfermero, ahí los puso. Y antes de zurcir a los cadáveres, el Médico metió un par de calcetines en el hueco de los corazones.

Esa misma tarde negoció por horas la venta de las instalaciones, decidido a conseguir suficiente dinero para construir un hospital de avanzada en el campo, un hospital que nadie podía imaginar ni siquiera en la ciudad, uno que pronto se transformaría en el mejor centro para realizar...

Llegamos, interrumpe mi hermana intentando forzarlo al punto aparte.

...en el mejor hospital del país, de todo el continente, continúa diciendo el Enfermero sin atender a la incomodidad creciente de María; sin detenerse agrega, y cuando estuvo en pie el edificio vimos que de verdad empezaban a llegar las máquinas importadas, subvencionadas, exentas de impuestos y sin contraindicaciones de ninguna especie. Había sido parte de su hábil negociación con los ingenieros de la fruta, conseguir que los mismos camiones que partirían cargados del Galpón regresaran abarrotados de aparatos para el hospital. Iban bajando ante nuestros ojos microscopios de avanzada y equipos de diálisis. Resonadores magnéticos. Aparatos de rayos y densitómetros para los huesos. El Médico nos iba explicando para qué servía cada uno, diciendo que todos seríamos capacitados para usarlos. Porque la salud era lo principal, y salud era lo que tendríamos por estos lados. Nos lo aseguraba a medida que descendían y se instalaban los mamógrafos, los ecógrafos, los electrocardiógrafos, los angiógrafos. Y endoscopios para explorar toda suerte de agujeros. Y las gamma-cámaras de la incipiente medicina nuclear y hasta láseres aparecieron en el último de los contenedores, dice con entusiasmo el Enfermero. Todas esas máquinas y un etcétera bien largo. Hasta bicicletas estáticas para medir la resistencia de los corazones hizo instalar el Médico y luego, uno por uno, nos dio la bienvenida tronándonos los huesos de las manos.

Jóvenes enfermeras entran de blanco y salen arrastrando sonoramente las gomas de sus impecables zapatos. Son enfermeras de melenas teñidas y recogidas en un moño con horquillas. Pasan también enfermos en sillas de ruedas, empujados por camilleros. Nosotras esperamos con los otros pacientes, con un número en la mano.

El taco de mi hermana da golpes impacientes en el suelo. Es siempre el mismo golpeteo de ansiedad antes de las reuniones.

¿Con quién nos veremos esta vez? ¿Será en castellano o en inglés?

Mi hermana se moja los labios con la lengua y me escruta. Sus ojos me recuerdan otros ojos, esos que me han mirado primero de reojo y después de frente, inquisitivamente, ojos extranjeros que se han detenido en mi rostro buscando algo, intentando decirme algo que yo comprenda: hola-cómo-te-va, por ejemplo, y a mi hermana, qué-calladasesta-chica, muy-bonita-su-hija. Pero mi hermana levanta las cejas, y una vez más explica en su titubeante inglés que no, no somos lo que piensan aunque seamos parecidas, explica que ella no es mi madre, que sólo aceptó cuidarme hasta que creciera para pagar una deuda con mi Padre. Lo que no calculé es que cuidar es un verbo elástico, una palabra de consecuencias impredecibles que superaba mis posibilidades. Y los médicos asienten, es-difícil, lo-sabemos, nosotros-hacemos-lo-que-podemos, señora-o-señorita-del-campo, y se disculpan de las dificultades hasta que una voz áspera anuncia mi nombre.

No tenemos todo el día, me dice María agarrándome del brazo y despidiéndose rápidamente con un gracias, hasta-la-próxima, y entonces llegamos a la oficina al fondo del pasillo. El Director asoma la cara ojerosa detrás de sus fichas: qué viejo está, qué encorvado, parece grave.

¿Todo bien?, me pregunta chupando una pastilla.

Perfectamente, contesto sin pestañear. ¿Y usted, cómo se siente?

Mi hermana me da un codazo.

Estás demasiado flaca, observa él sin contestarme y hunde los ojos turbios en mi ficha. No parece encontrar el dato que busca, da vueltas las páginas pero no aparece: ¿En qué año nació su hermana?, le pregunta a María.

¿En qué año naciste?, me pregunta mi hermana.

El Médico toma nota de mi respuesta, calcula mi edad y sube las cejas.

Enciende un cigarrillo y aspira el aire silencioso de su oficina. Se levanta. Al abrir la ventana se agitan algunos papeles sobre la mesa donde vuelve a sentarse. Se quita los lentes y mientras su párpado se agita me pregunta si querría entrar en un procedimiento experimental de transplante de células.

¿Células de...?

De insulina, contesta el Médico sin dejarme terminar la frase.

¿Células de quién?

Del hospital, dice sin inmutarse.

De qué cuerpo salieron esas células es lo que querría saber.

Oigo el pie de la Mayor dando golpes veloces en el borde de la silla mientras el Médico levanta otra vez las cejas. María, dice, dígale a su hermana, a su hermana a medias, que es información reservada la de los donantes y que un honor haber sido invitada a participar en este experimento que podría salvarle la vida. Si quieren revisar el protocolo experimental aquí está, exclama, cerrando su cajón de aluminio con un golpe que pretende intimidarme. Estos son los reglamentos y las condiciones, nos dice poniéndose de pie y después sentándose.

Es un grueso fajo de papeles el que pone sobre la mesa, un fajo que se transformará en ceniza si yo no firmo. Pero yo no firmaré ninguno de sus documentos. No aceptaré esa transacción de células vivas por mis células muertas. Se lo digo sin mirarlo, sin mirar a mi hermana.

No sabes lo que dices, me dice el Médico, y vas a arrepentirte. No debemos ni podemos quedarnos atrás. En todas partes, en todas las ciudades del mundo, en este preciso instante, hay personas como tú recibiendo órganos enteros o pedazos de órganos donados por desconocidos... El transplante es simplemente una técnica que viaja de un lugar a otro, como también un órgano se desplaza de un cuerpo a otro para seguir viviendo, argumenta el Médico soltando impaciente su última bocanada de palabras.

No estoy de acuerdo.

No hay de qué preocuparse, Zoila, pensamos que las células son compatibles con tu genética, masculla el Médico seriamente, agriamente ajustándose los lentes en el puente de la nariz. Nunca más tendrías que preocuparte...

Nunca me he preocupado, le contesto, nunca, ni por un minuto he estado preocupada, le digo absolutamente serena y segura de lo que digo y hasta indiferente, dejando mi mente vagar por todas esas ciudades de donde provienen los médicos cada año, cargados de ideas, protocolos, procedimientos, tantos sonrientes médicos cargados de diapositivas y de mapas con el trazado urbano de Washington, de Melbourne, de Baltimore, mapas de ciudades sobre pobladas de descorazonados como Manchester, o Johannesburgo, Toronto, Nueva York...

Levanto la vista y me entierra su mirada rencorosa. Le impacienta mi no lo permitiré, mi no firmaré sus papeles, mi nunca los eximiría de responsabilidades, mi insistente por qué no me dice de dónde extraen esas células que pretende injertarme, y él sabe que no puede confesar ni menos obligarme, porque acabo de cumplir los años que necesito para poder negarme. Por apenas unos días me he escapado de sus manos y ahora comprende que sé demasiado: me he vuelto un peligro para su causa.

Mi hermana se sopla las mechas con la cabeza gacha.

Me fijo de reojo en la expresión ceñuda que le cruza la cara.

María descruza una pierna, se arregla la falda con las manos mojadas.

fin de temporada:
otra vez
los cajones han partido
las sobras inservibles se deshacen
las semillas huecas abonan
el campo otra vez
desolado de cosechas
otra vez
y otras manos ajenas
que abren, siembran, zurcen

(cuaderno deScomposición)

El timbre me asalta con su intensidad mecánica.

Un dedo insiste en despertarme.

No sé qué hora es: los relojes andan cada uno en una hora.

Pero el timbre no deja de sonar y me sacudo los diarios que he usado como improvisadas mantas durante la noche. Me levanto del sillón con la boca seca y amarga, tropezando con platos, tenedores y cuchillos. Cucharas con mermelada diseminadas por el suelo y regueros de hormigas cosechando los restos.

Bostezo, me froto los párpados. No sé cuánto tiempo he estado encerrada, comiendo sin pausa, meando litros dulces.

Acercándome a la puerta, susurro: Quién eres. Cómo te llamas.

El timbre se detiene: Abre. Me manda tu hermana.

¿Por qué no ha regresado?, le pregunto asomando la cara. ¿Pasó algo en el hospital?, le digo abriendo la puerta.

Bajo el umbral el Enfermero me mira intrigado mientras yo salgo de mi modorra. El sueño se disipa, de pronto se aclara el recuerdo de la última noche con mi hermana, hace ya unos días.

Había sonado el teléfono esa tarde.

Era urgente.

El Ingeniero se disculpó por molestarla en sus días de permiso sin sueldo pero había una emergencia en el Galpón y era necesario que viniera, porque ese día, por la tarde, mientras arreciaba el peor día del verano, las temporeras habían empezado a menstruar, de golpe, todas juntas, misteriosamente sincronizadas por las hormonas, y habían empezado a desconcentrarse de la labor, yendo sin cesar al baño y viniendo con la cara mojada y la ropa empapada; y el sol impío sobre los techos de zinc, y las temporeras alegando por el calor, por la sed y el sudor, por la sangre que no paraba de correr entre sus piernas, todos esos fluidos saturados de bacterias que podían infectar el recinto, suspiró asqueada mi hermana escuchando el relato del Ingeniero, mi higiénica hermana que en todos estos años de embarazos sucesivos no ha tenido casi oportunidad para experimentar esas descargas, y entonces, le explicó el Ingeniero, él decidió ponerse firme y les habló por el altoparlante y amenazó con descontarles cada minuto de cimarra en el baño, y ahí fue cuando se armó: una de ellas tiró los guantes al suelo, se quitó el uniforme gritando, se acabó, a la mierda con todo esto, con la mezquindad de ese salario, y se subió a la cinta transportadora y empezó a recorrer el Galpón entre peras y duraznos, animándolas a todas que se quitaran los zapatones de goma, que se sacaran las mascarillas que las estaban ahogando, y las temporeras levantaron la cabeza, se agitaron, dejaron de envasar mecánicamente la fruta en los cajones y empezaron a lanzarla como peñascos contra las ventanas; ay, suspiró mi hermana pensando en el desastre, pensando en lo que diría mi Padre si se enterara de ese desmadre: ¿Y qué más ha sucedido? preguntó, y el Ingeniero le contestó que saltaron sobre la cinta y empezaron todas juntas a cantar el himno nacional, y otras a chillar a viva voz, es tu cielo azulado, a todo el volumen que les permitían sus pulmones, y las brisas te cruzan, seguido de una retahíla de reclamos: que les pagaran al menos el sueldo mínimo, que les pusieran sillas porque tenían destrozadas las rodillas, que instalaran hélices en los techos para que de veras circulara la brisa de la patria. Era una situación verdaderamente delicada, dijo el Ingeniero, era urgente que viniera a calmar a las mujeres.

Y la Mayor había colgado el auricular, se agarró la panza hecha un atado de nervios y se invistió en su gastado uniforme. En su cartera metió el calcio y el fierro y los concentrados de vitaminas que le donaba el Médico General para resistir apertrechada en el Galpón hasta las últimas negociaciones.

Mi hermana había vencido a la mosca de la fruta, ahora debía vencer también a las temporeras. Me dijo que volvería a casa en cuanto se arreglara la situación, y en eso una patada de la criatura le desfiguró la panza.

¿Sigue ahí, en el Galpón?

El Enfermero empuja la puerta y se abre paso por la sala. Me dice que ya no y pregunta que pasó en la casa que está así, desordenada. Quedamos frente a frente, ahora me examina con sus grandes ojos negros. Cada día te pareces más a ella, dice sin convencerse. Pareces más su doble que su media hermana, es impresionante. Lo dice bajando los ojos por los botones de mi blusa medio abierta pero yo no sigo esa mirada que desciende hasta mi cintura. Tampoco necesito levantar la vista para verle la cara, ya he alcanzado la estatura del Enfermero.

Me fijo en sus ojeras mustias. Tiene nuevas canas en las patillas.

¿Dónde está mi hermana?

El Enfermero retrocede: Te apesta el aliento. Anda a ducharte y lávate los dientes.

Dejamos atrás las únicas casas de la única calle que da al único y gigantesco Galpón cercado y ahora sitiado por los militares. El brillo frío de sus armas me hiere la cara. Hay un terrible silencio en el que se extraña el habitual ladrido de los perros, la efervescente conversación de mujeres entrando y saliendo de los turnos.

El Enfermero me agarra del codo para que no me detenga.

Nos alejamos a paso lento, él va fumando encerrado en sus pensamientos y yo espero a que salga de ellos y me explique qué sucedió con la huelga.

Entre volutas de humo el Enfermero me informa que sí, que efectivamente terminó tras dos días y tres noches de protesta. El movimiento fue tan temporal como las temporeras. Fue aplastado por los militares, que vinieron tras la llamada del Ingeniero, que a su vez obedecía las órdenes en inglés de los gerentes extranjeros: todos movidos por intereses comerciales. Me dice el Enfermero que procedieron siguiendo una astuta estrategia laboral diseñada por la Mayor: un golpe maestro en el que no intervinieron los sindicatos, me explica: no intervino ningún viejo sindicalista, ninguno de ellos, nadie, porque las temporeras no estaban afiliadas, no tenían contrato, y la Mayor lo sabía, conocía las reglas de membresía y a cada uno de los cabecillas; las temporeras estaban solas, solísimas, sin compañeros, se habían ido quedando sin sus hombres, sin sus maridos, sin los padres de la prole, porque todos ellos estaban cesantes o alcoholizados o vagando por las calles, y no contaban con ellos.

Y la Mayor lo sabía: conocía sus complicidades y sus desdichas.

María le contó, me cuenta el Enfermero, que las temporeras pedían mejoras que ni siquiera ella se había atrevido a solicitar: el pago de horas extraordinarias y el aumento de sueldos acorde con las ganancias de la exportadora. No sólo pedían sino que exigían, aseguraban que ganaban la mitad porque no eran hombres, porque eran jóvenes, porque estaban desesperadas. Y todo eso es cierto, confiesa el Enfermero, pero precisamente por eso conseguían el trabajo. Cómo no va a ser mejor tener un sueldo miserable, un sueldo de hambre, que no tenerlo; cómo no va a ser preferible ser la absoluta jefa del hogar; y tener derecho a salir y a compartir con otras mujeres en vez de estar encerradas días y noches en la casa...

Sospecho de sus intenciones y de mi hermana: sus disquisiciones sobre la eficiencia productiva de la empresa, la obsesión con la perfecta esterilidad de la fruta, con la sanidad del cuerpo propio y ajeno, me dan ganas de vomitar.

Voy arrastrando la bolsa con mi cuaderno saturado de palabras sueltas y recortes de noticias: los muertos de los diarios y mis poemas. Se detiene a pisar su colilla en la esquina, ya cerca de la plaza. Enciende otro cigarrillo.

¿Qué llevas ahí dentro que pesa tanto? Me quita la bolsa y se la cuelga al hombro, y echando a andar me dice, pero si esto no pesa nada.

Pesa demasiado y yo sigo con náuseas.

¿Te sientes bien? Estás verde.

Sé que mi palidez es amarilla. Que cada día es uno menos. Que avanzo lentamente, muy mareada: mi cerebro es un terrón blando dentro del cráneo. Que se calle, pienso, que deje de hacerme preguntas. Pero la voz del Enfermero no se apaga más que para tragar saliva. Se agacha para amarrarse los cordones sueltos, y enciende un nuevo cigarrillo y de pronto, soltando un lento anillo de humo, exclama, qué hábil es tu hermana. Saca otra calada y me cuenta que María llegó esa mañana al Galpón y se encontró a las temporeras de piernas cruzadas, de brazos cruzados, el elástico de las mascarillas enredado entre los dedos. En cuanto puso un pie en el recinto y vio el panorama supo que pronto empezaría a pudrirse la fruta sobre la larga cinta detenida pero que las temporeras no iban a moverse porque no tenían nada que perder, nada más que ese sueldo de hambre que recibían apenas de noviembre a marzo. Y los que no tienen nada, o casi nada, le dijo la Mayor al Enfermero, están dispuestos a arriesgarlo todo.

Mi hermana se encerró en la oficina y consultó su empolvada enciclopedia británica. Para algo sirve repasar la historia, me dice el Enfermero dándole otra intensa calada a su cigarrillo. María se instruyó concienzudamente en las páginas; tomó notas, reflexionó un momento y fue llamando de a una a las temporeras. A cada una les hizo preguntas personales, se interesó en sus dificultades domésticas y les confió las suyas; suspiraron juntas, se sonaron los mocos, y cuando logró entrar en absoluta confianza la Mayor les hizo su oferta: les dijo que era lo mejor que podía ofrecerles, que comprendieran, que se comprometieran, que si no aceptaban se quedarían todas sin trabajo, todas incluida ella. Eran ofertas individuales, ofertas sin compromiso verdadero de la Empresa: medidas estratégicas: pastillitas edulcoradas que sólo iban a dividirlas y a romper la huelga. Sólo las más viejas comprendieron la lúcida maniobra de mi hermana, pero no sirvió de nada porque las otras temporeras ya habían agarrado su tajada, su mísera tajadita, y ya habían justificado ante sí mismas su decisión repitiendo las excusas y motivos que la pesticida de la empresa generosamente les había proporcionado.

La Mayor disolvió la manifestación porque entendía cómo operaba el cansancio, la necesidad, la impaciencia, la extrema fragilidad de las temporeras. Y cuando las más influenciables, las más temerosas, las más mezquinas y codiciosas aceptaron y volvieron a trabajar, el Ingeniero despidió a las otras; esa carismática minoría vocinglera fue reemplazada inmediatamente por trabajadoras desinformadas e inexpertas.

El Enfermero me dice que fue una operación muy delicada que se complicaría aun más, porque en plena trifulca de las despedidas contra las empleadas, entre las peras y manzanas verdes que surcaban con más violencia que antes el Galpón, en el alboroto de los perros que gruñían confundidos, sin saber a quiénes mostrarles los colmillos, porque las temporeras les daban de comer y no esos desconocidos uniformados que llenaban el recinto, decididos a resolver por la fuerza la situación que se había desencadenado, fusilando a los perros para dar un ejemplo de lo que les pasaría a ellas si no se comportaban, ay, en medio de todo eso la Mayor empezó con contracciones.

Subió las escaleras en medio de manzanazos y sudores, se sentó en el suelo y expulsó la panza afuera del uniforme. Abrió las piernas y prematuramente fluyeron líquidos viscosos y coágulos de sangre.

Desmayada en su oficina la encontraron las tropas.

Lo llamaron por teléfono, me cuenta el Enfermero.

Fue él quien la subió en brazos al auto por la salida de atrás y se la llevó a toda velocidad a la Sala de Urgencias: la bola de carne venía enredada en el cordón.

En los alrededores de la plaza han brotado fábricas e industrias, por todas partes modernos galpones y gigantescas tinajas metálicas donde lentamente fermenta el vino exportable. Se vislumbra la pesada maquinaria y tractores pavimentando el camino que lleva al hospital de fachada blanca. Camionetas azules y blancas avanzan ruidosas por los laterales arbolados de la plaza. Al costado, el paradero de micro, y atrás, el puesto de diarios y revistas con su quiosquero calvo, el que cada mañana, muy temprano, durante años, nos ha dejado en la puerta la edición del día. Ahí están los periódicos que diariamente leo en busca de huelgas, en busca de boicots, en busca de desastres naturales, en busca de accidentes hospitalarios y de plagas indestructibles, pero en esta penumbra de hojas no alcanzo a leer los titulares. Hoy tengo la vista especialmente borrosa, especialmente dañada por los excesos de la última semana pero ya me lo han advertido: el daño de la vista es acumulativo e irreversible. Ahora lo constato: en todo mi cuerpo noto el peso y el paso del tiempo, el cansancio.

Nos sentamos en un banco de madera, bajo los álamos.

Él abre una cajetilla silbando desentonadamente para llenar el silencio.

Alargo la mano, acepto su cigarrillo. Ambos sabemos que me está ofreciendo un placer prohibido. Pero enciende el suyo y después el mío y se queda esperando que yo le dé las gracias.

¿No se te olvida algo, Zoila?, me susurra, volviéndose hacia mí con una ceja levantada. Subo los hombros, doy otra calada y siento que los álamos se me vienen encima, dan vueltas aceleradas en mi cabeza.

¿No te enseñaron a agradecer?

No he pedido nada, pienso, mareada, incluso aturdida, aplastada contra mí misma; qué tengo que agradecer. Le devuelvo su cigarrillo a medio fumar pero el Enfermero no lo recibe.

Cómo es que nunca dices nada…

Sonrío y aspiro otra vez, cegada por el humo.

Darle las gracias por sacarme la sangre, por llevarse la orina, por traer los resultados a la casa y evitarme las salidas.

Agradecerle por hablarme sin cesar, por informarme del mundo más allá del Ojo Seco, por traducirme la jerigonza de los médicos y las palabras en las calles de los mapas. Por extender mi horizonte durante las tardes de encierro y revelarme el destino clínico y hasta comercial de las incontables criaturas que ha parido mi hermana. Agradecer por explicarme el funcionamiento del cuerpo y su deterioro final, por recordarme que debía agradecer haber sobrevivido a la enfermedad, por seguir viva pese a todo, por tener a alguien que había estado dispuesta a entregar a sus propios hijos por colaborar con la ciencia y salvarme. Agradecer, sí, cada maldito día, porque en otros tiempos, la gente como yo resistía apenas unas semanas, a duras penas una quincena, porque antes los enfermos colapsaban, se volvían tan débiles que los médicos, sin entender el porqué de esa flacura extrema, les daban azúcar para animarlos, azúcar granulada disuelta en agua para revivirlos sin saber que los estaban envenenando. Debía agradecer la aparición de la insulina que le extraían a los cerdos y a las vacas y a los monos del África, les extrañan el páncreas para molerlo y transformarlo en jarabe para diabéticos; agradecer también que la insulina no me hubiera matado de un ataque alérgico, agradecer que nadie me la hubiera puesto en grandes cantidades, como se hacía con otros, con los locos del manicomio: en vez de descargas eléctricas les ponían inyecciones de insulina y los dejaban lelos...

Que agradezca que mi vida sea tanto más larga gracias al lento desarrollo de la ciencia.

Que agradezca haber sido privilegiada, premiada por la ruleta perversa de la medicina que alarga sin sentido mi inexorable deterioro.

Se interpone entre nosotros el crujido metálico de una camioneta que no logra esquivar los hoyos cavados por las lluvias del invierno. El Enfermero sigue hablando mientras aparecen, por detrás del pesado prócer de bronce, unos ciegos tocando estrepitosamente sus latas.

Enciende su tercer o quinto cigarrillo, el Enfermero.

Yo aplasto el mío con la punta de mi zapato y vuelvo a pensar que debo irme. Como sea, largarme. Como la fruta de mi hermana, exportarme. Como los órganos del médico, trasplantarme. Como las criaturas en el hospital, desaparecer misteriosamente.

Irme, pero adónde. Y cómo, me pregunto. La manifestación de ciegos me ensordece transitoriamente. El estallido de sus metales acompaña las nuevas preguntas que me surgen dentro, mientras en mi cabeza desfilan los nombres de esos sitios, las calles de esos mapas que los médicos extranjeros me donan cada año, y el idioma, los nombres anotados en mi cuaderno, los puntos negros marcados en mi colección sobre los hospitales extranjeros: Islamabad, la ciudad de los injertos; Sydney y Dublín, sede oficial de los transplantes de riñón; Edimburgo, de pulmón; y en Nueva Delhi de corazón. ¿En Manila transplantarán las córneas de estos ciegos, o sus caras? En Londres intercambiarán ciertas manos, o los pies. En qué ciudad nigeriana se harán injertos de árboles frutales... Y en cuáles de estas ciudades tendrá negocios mi Padre, en Filadelfia o en Nueva York, donde se especula hace años el primer transplante de cerebro...

Irme, exportarme, transplantarme entera pero sola. Sola yo, con mi cuerpo. Sola como María, que quizá también esté aislada en una pieza del hospital. Y el Enfermero se ha quedado hablando solo en el medio de esta plaza, transmitiendo para sí mismo sumergido en el estrepitoso concierto de latas que nos ofrecen estos ciegos de ojos torcidos y demasiado abiertos. Ellos no están solos. Están tocando todos juntos sus tarros, sin miedo: tocan olvidados de sus cuerpos y yo también me olvido del mío para poder pensar, para ser verdaderamente fuerte. Nadie está más cerca de ellos ahora que yo. Los observo con los ojos borrosos, los reconozco instalados en la esquina. Los ciegos aporrean sin piedad sus tarros de aluminio. Sueltan sus golpes sin saber si alguien los escucha, si alguien les presta atención. Nadie les lanza una moneda pero tampoco les prohíbe golpear ruidosamente sus metales, nadie les prohíbe reunirse en la plaza pública porque nadie les teme. Sólo yo.

me duermo sobre el mapa
por osmosis
se me mete un país dentro:
avanzo por refrigeradas arterias urbanas
recorro pasillos embaldosados, descosidos
en la línea difusa del horizonte:
qué podría perder, además del rumbo
perder la vida, perder el norte

(cuaderno deScomposición)

Me dejo caer sobre el colchón de María, me doy un duro golpe en la espalda. Mi lápiz da un salto mortal en el aire y el cuaderno cae al suelo. Al asomarme descubro un enorme bulto debajo de los resortes. Tiro con ambas manos, con más fuerza: primero aparece el costado y después toda la maleta. Es negra, de cuero y tiene un enorme candado. Y yo me pregunto qué hace debajo de su cama esta maleta llena si soy yo la que sueña con irse. Qué habrá dentro, dónde estará la llave que la abre.

Mi búsqueda comienza en su ausencia: abro un cajón y otro, pero aparte de cuentas de agua y electricidad, aparte de ese gastado diccionario en dos lenguas que a veces ella me presta, no encuentro mucho más. Ninguna llave maestra. Tampoco entre su ropa: mis dedos hurgan inútilmente en los bolsillos de los uniformes que cuelgan como hermanas vacías en el armario. No encuentro ninguna herramienta o alambre que sirva para abrirla.

María debe tener entre las suyas la llave que le hace a este candado.

Tendré que optar por las afiladas hojas de una podadora que encuentro en la cocina. Y le doy un tijeretazo a la piel: una punción rápida y la hoja abre limpiamente una esquina de la maleta. Por ahí surgen gruesos fajos de billetes. Billetes verdes que María ha ido atesorando primero para curarme pero luego, decepcionada por mi resistencia, para su propio bienestar.

Este dinero es la casa de María con cada uno de sus ladrillos, puertas de madera y ventanas, la casa con un impermeable tejado que proteja los enseres importados, el televisor a colores, el refrigerador de dos puertas, la impecable aspiradora que se tragará la tierra suelta de la calle sin pavimento.

Empiezo a contar los billetes.

Los ahorros de mi hermana se transformarán en mi presupuesto de viaje a la ciudad de mi Padre. En esa ciudad, en el centro mismo de la urbe, bajo el sol y el hielo y la nieve invernal que se derrama cada año de sus cielos, se encuentra el Gran Hospital del Transplante. A ese lugar ha viajado sucesivas temporadas nuestro Médico y Director General, a perfeccionarse, y es ese recinto el que manda a especialistas a dar conferencias en el nuestro. En ese lugar surgen las normas de la cirugía y los protocolos experimentales. Ahí, en el interior de sus muros blancos y brillantes, se encuentra mi destino. Me colaré por el puerto de entrada de esa ciudad, pienso decidida.

Termino de contar el dinero.

María se traga sus vitaminas, su calcio, su fierro y otras medicinas, se come también su manzana sin cáscara pero con todas sus semillas. Mi hermana está empezando a engordar pero todavía no ha vomitado la comida.

Estás pálida, ojerosa, me dice sin energía. Estás demasiado flaca.

Estoy perfectamente, le digo aunque sé que no es cierto. Mi cuerpo empezará a capitular, más temprano que tarde. Debo apurarme: mi vista siempre borrosa, los cada vez más frecuentes calambres en los pies me anuncian la ya inevitable disolución. Pero no tengo miedo, no siento angustia. Nunca me he sentido más dueña de mi cuerpo.

¿Qué hora es?, dice mi hermana levantando los ojos.

Los relojes repican a destiempo.

¿Por qué están adelantados los relojes?

Se trepa a una silla y va deshaciendo mi minuciosa operación, retrasándolos todos y diciendo: lo que me falta es que se eche a perder la hora y yo empiece a salir más temprano que nunca.

Me mira con recelo, de arriba abajo.

De pronto ha comprendido que el desajuste del tiempo se debe a mi obra de relojería. ¿También tú complotas contra mí? ¿También tú, cuando me he desvivido por ti? Qué ingrata eres, y qué ingratos también ellos: he trabajado demasiado por beneficios ajenos... Ay, dice, qué tonta, qué torpe, qué idiota he sido, qué imbécil, y los ojos se le ponen rojos, se le llenan de una ira que rueda por sus mejillas. Y entonces empieza verdaderamente a quejarse. A quejarse como nunca se había quejado: desentrañando nudos.

Habla del viejo pacto con el médico: todas esas criaturas suyas trocadas por mi futuro. Todo ese firmar de documentos. Todos esos dineros entregados en sobres. Toda la esperanza puesta en esa exportación destinada a experimentos, a operaciones de transplante que alguna vez permitirían mi cura. Pero han pasado los años y el Médico nunca cumplió su promesa. Ni siquiera su última oferta contenía una solución apropiada: una que acabara para siempre con la enfermedad sin riesgos para mí, sin hacer peligrar el acuerdo que María había contraído para siempre con mi Padre, ese dispendioso fugitivo que juró regresar a buscarme pero que había olvidado esa parte de su promesa.

Mi hermana se muerde la piel alrededor de las uñas, escupe un pellejo y me grita que tampoco yo he colaborado. Pero yo nunca prometí colaborar en la empresa de mi cuidado.

Se niega a escucharme cuando se lo recuerdo, y subiendo la voz por encima de la mía me pregunta por qué me estoy matando, por qué he elegido este suicidio lento y largo. No reprimo la sonrisa en mis labios, por fin lo ha comprendido aunque ella insiste en que no entiende el porqué: por qué lo hago, contra quién, ¿contra ella?, y golpea la mesa, impaciente y ofendida.

Pero no voy a contestarle. Nunca se lo diré. María no sabría escucharme.

Y entonces sus ojos implacables se rinden: desvía su atención hacia la ventana, hacia el Galpón, hacia las hectáreas sembradas, regadas e inmunizadas contra la peste, y alega entonces que también en la empresa se han aprovechado de su arduo trabajo, de su versatilidad, de su disponibilidad, de su competencia a toda prueba, y desdoblando un pañuelo se limpia unos mocos ácidos, se suena esa nariz constantemente irritada con aun más fuerza, haciendo pinza con sus dedos ásperos, con su mano de lija a pesar de las cremas. Y todo para nada, dice, para nada más que promesas vacías, promesas y expectativas que sólo yo cumplí, porque de qué le sirvió a ella haber superado todos los niveles de producción en la última cosecha, y antes de eso, qué rendimiento le trajo haber roto la huelga de sus subordinadas, las temporeras, a costa de la integridad de sus promesas, casi a costa de su vida; y para qué, incluso antes, puso tanto esfuerzo en aniquilar a la desdichada mosca de la fruta, a los hongos de la lluvia y otras pestes del campo; sí, dice, fue gracias a su idoneidad que la exportación cundió esta temporada como nunca, eficientemente, esforzadamente, espléndidamente, pero una vez más le negaron la firma del añorado contrato, le objetaron los beneficios, se olvidaron incluso de darle un aguinaldo... Ni un solo peso extra le ofrecieron, le cuestionaron una vez más las horas extraordinarias: dijeron que se tomaba demasiados días libres al año.

Ya verán..., anuncia, y se derrumba momentáneamente en la silla.

Se queda en la misma posición, meditando, martilleando la mesa con unas uñas cortas que lesionan nuestro silencio por horas. Mientras piensa sólo fija la mirada en el techo, sus ojos recorren la grieta que lo cruza.

Esto no va a quedar así, dice por fin, acomodándose en la silla y abriendo un pelo florecido de su desteñido mechón. No lo permitiré... Y entonces abre los ojos muy grandes y se ilumina, sonríe, ya verán, será empalagosa mi venganza. Y comienza a reírse con sonoras carcajadas, sus pegajosas risotadas retumban en las paredes de adobe, me contagian y empiezo a reírme con su risa, cómo nos estallamos a gritos mientras ella repite sus palabras, sin poder detenernos nos tiramos al sillón y no sé qué ha sucedido pero de pronto ella me abraza, por primera vez me aprieta entre sus brazos. Es sólo un momento, un instante sorprendente que rechazo: escapo de sus brazos y de su risa adherente pero ella no se da cuenta, sigue poseída por la carcajada sin verme, ay, ay sí, dice, agarrándose el ombligo y doblándose con tanta fuerza que de pronto pienso que va a vomitar sobre el suelo, que quizá esté llorando mientras dice, ay, así me agradeces, eso es, riéndote de mí como los demás, de lejos, pero dejarán de burlarse de mí, dice secándose los ojos.

Y tras la breve noche otra vez suenan los relojes.

Y se le está haciendo tarde, pero María no se apura.

Se demora en la pieza, se retrasa aun más en la ducha. La veo irse distraída por el camino de tierra, arrastrando sus pesados zapatones.

La Mayor desaparece como una larga despedida en mi ventana.

Y tras ella parte una larga retahíla de camiones tocando sus bocinas.

Pasan los días que quizá son meses para mi ánimo narcótico. Abro los ojos, ya la mañana se insinúa en la ventana como la urgente noticia. Embargo, anuncia el titular del diario en grandes letras negras sobre la entrada de la casa. Embargo de la fruta, releo sin convencerme cuando me agacho a recogerlo.

A lo lejos, una nueva camada de perros ladra con la misma fiereza que perros fusilados en la refriega de las temporeras, ladran como todos los días y todas las noches, pero esta tarde mi hermana no parece inquieta: ante el inminente descalabro de la empresa de exportación la Mayor simplemente confirma lo que informa la prensa. Sí, sí, así es, dice, sin inmutarse ante el hallazgo. Sí, así es, los oficiales de sanidad han encontrado manzanas contaminadas con cianuro en los contenedores; sí, es cierto, unas cuantas gotas de cianuro en millones de cajones de toda esa fruta suya, convenientemente inflada con hormonas, encerada y lustrada, envuelta y encajonada.

Sí: miles de cajas envenenados por una mano experta.

Sí: un veneno que atenta contra la seguridad del mundo.

Así es: un hallazgo que siembra el terror entre los ciudadanos, y pánico, y angustia entre consumidores, y desesperación entre los exportadores: en esa cadena de montaje todos están siendo afectados.

Y mientras las acciones de la fruta se derrumban en la Bolsa los políticos se apuntan con el índice, entornan los ojos, cuchichean: especulan sobre un ataque extremista, una treta comunista, un insidioso boicot originado en el proteccionismo capitalista.

Y el Ingeniero está sufriendo de un agudo insomnio.

Y las jóvenes temporeras se toman las tardes libres.

Pero la Mayor sonríe mientras pica bolsas de fruta surtida, exprime naranjas, prepara una contundente macedonia. Se la come lentamente, la disfruta. Acaricia con el dedo el fondo de la fuente y sacando la panza afuera del uniforme exclama, rico. Está saciada, mi hermana, cuando me cuenta que los contenedores han sido abiertos y revisados exhaustivamente esta tarde. Me confirma lo que relatan los periódicos: que en todos los cajones hay alguna pera envenenada, alguna manzana o ciruela. Son toneladas de fruta con la piel magullada que pronto comenzarán a desintegrarse.

Los mosquitos se multiplicarán en el cielo, como una espesa sombre.

Vendrán los buitres, darán vueltas sin cesar sobre la carnosa pulpa.

Mi hermana continúa sospechosamente serena, susurrando que los ingenieros se merecen este desastre. Lo dice en casa, en secreto, de madrugada, antes de partir a hacerse cargo de los contenedores rechazados dentro de las decenas de camiones que han atravesado el paraje porteño, y se han internado por la carretera para luego cruzar la ciudad como una larga herida que ahora desemboca en el campo. La fruta continúa regresando desde los puntos menos previstos tras la clausura de mercados pequeños y cadenas de supermercados de todo el mundo. La cosecha nacional y el país entero se desgrana: no cabe ni un contenedor más en el campo y por eso los cajones son descerrajados en plena calle, a plena luz del día. La mercancía es generosamente desparramada en los pueblos y se agita como bandera contra este boicot extranjero.

Ya empieza a oler a podrido, empieza a sentirse un aire de país en quiebra, pero María continúa zampando con inusual apetito sus fuentes de fruta picada. Cuando queda satisfecha, esta noche y cada noche de la semana siguiente, se sonríe y repite con el gusto de una terrible venganza: harán falta millones de bocas como la mía para consumir ese cargamento.

El desvencijado pájaro de madera y plumas artificiales se asoma por un ventanuco y exclama una nueva hora. El tiempo se nos ha venido encima, le picotea la cabeza a mi hermana que no despierta, que no quiere levantarse para ir como cada día a trabajar. Todavía está oscuro cuando su cabeza rubia y despeinada aparece entre las sábanas. ¿Serán ya las siete?, se dice examinando el cielo negro por la ventana. Pero no son las siete ni las seis, y precisamente hoy mi hermana no puede ir al Galpón porque está intervenido. Todo el campo está clausurado como parte de un gigantesco operativo. No importaría que fueran las ocho ni las diez, sus gritos de rabia, sus chillidos nerviosos me sacuden: que el pájaro de la hora está loco, que yo lo he desquiciado para enloquecerla.

El tiempo avanza cada día más rápido, le digo ya despierta.

El tiempo se eleva, planea un instante, y huye despavorido ante los descubrimientos de la policía: que el veneno puesto en la economía nacional provino del Galpón, del subterráneo cerrado con múltiples candados, de los tambores. Y hay sólo una copia de las llaves que abren esa puerta.

El anuncio se filtra a última hora de la tarde, y el Enfermero escucha las detalladas versiones de distintas emisoras mientras conduce, en la tiniebla de sus incesantes cigarrillos, el auto verde. El Enfermero demora en percatarse de las implicaciones que tiene el caso, y luego duda en venir a avisarle. Imagina que ya lo sabe. Comprende que mi hermana no puede ser inocente y teme ser acusado de cómplice. Pero al Enfermero lo agobia el silencio, necesita hablarle.

Acelera hacia el Ojo Seco.

Es ya muy tarde pero no se estaciona en nuestra vereda de tierra ni toca la bocina. Rodea la casa y aporrea con angustia la puerta de atrás: los golpes nos resucitan. María se levanta descalza, abre, se enfrenta a unos ojos agonizantes y entonces comprende. No es tonta mi hermana pero tampoco la policía, y tampoco es idiota el Enfermero: esta noche entra raudo hasta su pieza y ahí la espera.

Discuten tras la puerta hasta que la medianoche es ya casi madrugada.

Por el hueco de la puerta veo que sus labios amarillentos sujetan un cigarrillo y sus dedos, un fósforo encendido que se olvida de soplar. Se quema. Maldice, se mete dos dedos entre los labios. Mi hermana sonríe nerviosa y le acepta un cigarrillo, o dos.

Una enorme argolla de humo los envuelve mientras discuten: ¿Cómo que un crimen doble?, repite incrédula la Mayor.

Dos crímenes simultáneos, corrige el Enfermero y carraspea, con los dedos entre los labios: uno contra el Galpón, otro contra todo el país y acaso un tercero contra el mundo. Tres crímenes frutales que podrán convertirse en cuatro, balbucea, en cuatro si alguien te delatara... si se descubriera que has colaborado con el hospital... con las criaturas... con la exportación... con...

El Enfermero va a seguir enumerando pero María, cállate. María, silencio, déjame pensar un momento, pero el momento expira instantáneamente cuando María le dice: ándate lejos. Desaparece mientras puedas, son demasiados crímenes para una sola responsable.

El Enfermero apenas demora en reaccionar.

Abandona la casa sin despedirse.

La puerta se estremece con el golpe en el umbral.

Ocho de la mañana o quizá ya sean las once. Ya no es posible confiar en los relojes. El cuerpo ahora sin voz de mi hermana sigue donde mismo, en la silla. Su cabeza entre las manos. Está llorando pero no es de tristeza sino de un enorme desencanto, es el cansancio lo que la agita, es la frustración y una ira contenida durante toda su vida. Empieza a darle puñetes a la mesa. Patadas a las sillas. Ovilla un mechón en el dedo y lo tira con fuerza hasta arrancarlo. Las venas de su cuello se van hinchando y de pronto comienzan una extrañas convulsiones: se ríe de la fruta que ahora se pudre, de la empresa revenida y de todas las promesas incumplidas. Es una risa destemplada que suena a monedas agitadas en una lata vacía.

Su pesado aliento impregna el aire y ahora soy yo quien la abraza.

Le tomo la cabeza, la pongo junto a mi pecho para tranquilizarla.

Los relojes anuncian las nueve o las doce. Quizá ya sea la una de la tarde.

El tiempo resuena, se reitera. Sería incapaz de distinguir la hora desde aquí, las manecillas se han vuelto borrosas. Esas manecillas alteradas que ahora anuncian las nueve y media. Minutos después, cuando empiezan a dar otra vez el cuarto, mi hermana los maldice: ¡que se callen!, dice con el hilo de voz que le queda, ¡que dejen de recordarme que pasa la hora! ¡Haz que se callen!, me ordena tapándose las orejas.

Me subo a la silla y voy descolgando los relojes, los dejo caer con fuerza: que se revienten. Y se quiebran pero sólo a medias: sus mecanismos internos resisten el impacto y los porfiados segunderos siguen dando vueltas. Vueltas y más vueltas hasta el final e incluso después. El tiempo no se detendrá, María, le digo, seguirá su curso aunque todos los relojes del mundo se estrellen.

¿Qué vas a hacer?, murmura mi hermana cuando el silencio es absoluto.

Sus ojos irritados se fijan en mí. Su voz ronca insiste en qué puedo hacer yo, sin ella. Yo, la hermana menor, la media hermana, la incompleta, qué haré en su ausencia, se pregunta. Todavía no comprende que no la necesito, que nunca la necesité. María no es parte de mis planes.

¿Pero de qué planes hablas, Zoila?, dice sorprendida.

¿Viajar adónde?

¿A la ciudad de tu Padre?

Es mejor no explicarle que mi Padre no es el motivo que me impulsa al viaje: él no es más que un vestigio genético que circula por mi sangre. Ni siquiera me parezco a él. No me interesa saber más detalles acerca de su existencia, es un nombre, apenas un dato biográfico. Pero desconfío de María, y le digo que sí, que iré a buscarlo.

No le hables de mí, no le digas qué he hecho con la fruta de la empresa ni con mi vida en los hospitales. No me delates, Zoila. No le menciones siquiera mi nombre.

Te lo prometo, le digo, porque es fácil prometerlo: esta vez no ha sido necesario mentirle.

Y ella agradece y rebuscando en sus bolsillos me ofrece el llavero: Debajo de la cama están todos mis ahorros y en el cajón encontrarás un pasaporte azul, con mi visado. Podrás usarlo. Nadie notará que no somos la misma. Nadie se dará cuenta. Ahora tienes el dinero que necesitas. Todo ese dinero al final es para ti, a mí ya no va a servirme... Ándate lejos, lejos de todo esto, con todo ese dinero pero ándate ya; antes de que mi nombre aparezca en la lista de sospechosos, antes de que me juzguen y me metan en la cárcel. Haz algo bueno por ti, aunque sea la única vez.

Nos miramos fijamente, como al espejo, y entonces ella baja los ojos y llora amargamente, se abandona, deja que la recueste sobre mis piernas y acaricie su oreja, su mejilla húmeda y estragada.

Y así nos sorprende el timbre, en la misma posición y casi dormidas: mi hermana aprieta las muelas, se endereza; el timbre se repite y luego fuertes golpes en la puerta.

Zoila, susurra María repentinamente sosegada, como iluminada, no voy a pudrirme en una cárcel, eso sí que no, no sola en una cárcel. Tráeme la botella, la de veneno, la que guardamos en el piso del baño, por si acaso, por si no puedo soportarlo. Allá, detrás de las vitaminas, del fierro, del calcio. Detrás de los antibióticos y de las aspirinas. Entre las gasas, una botella que parece de jarabe, sin etiqueta. Rápido.

Y yo me apuro, se oyen más intensos los nudillos duros sobre la puerta.

Tocan, cómo tocan atronando la puerta mientras yo busco su veneno.

Tocan y gritan, que abra, que abra o botarán la puerta, y yo me pregunto si mi hermana será valiente, si mi hermana se atreverá a tomarse su propia medicina para salvarse del encierro. Me miro al espejo y veo a María en el reflejo, es cierto, nos parecemos demasiado, pudimos haber sido un perfecto complemento.

Aquí está la botella, y ahora me toca deliberar si entregarle esta salida. Mirándola y mirándome al espejo no tengo más que un minuto para decidir.

Los hombros de esos hombres ahora empujan la puerta.

Por qué iba a concederle una libertad a la que nunca tuve derecho.

Por qué no concederle la posibilidad instantánea de una muerte que yo misma he deseado siempre, algo que de a poco se ha ido volviendo posible.

Empujones y más gritos: le entrego su jarabe, la abrazo, le beso apasionadamente los labios esta única vez.

María me empuja hacia la pieza antes de levantarse a abrir: que no te lleven a ti.

Se acerca a la puerta dando pasos cortos y gritando ya voy, ya voy, no la derriben.

Es como si una potente ventolera hubiera abierto las puertas y roto las ventanas. Ahí están los uniformados, y con ellos el Enfermero esposado y en absoluto silencio.

No importa qué diga ahora mi hermana: no importa que carraspee, que argumente, que discuta, que ruegue, que no, no, ¿no lo entienden?, soy la gestora de la cosecha en el Galpón y la gran colaboradora para la salvación de vidas ajenas; se equivocan señores, se arrepentirán, ¡soy yo quien ha hecho crecer la grandiosa industria de nuestra fruta de exportación!

atravieso el cielo
en el tiempo suspendido de los aviones
mi reflejo se duplica
en las ventanillas
dos viajeras observando
las cimas nevadas de una cordillera
fantasma que quizá es otra
y va quedando atrás
vamos quedando
atravesadas
estrelladas
fugaces

(cuaderno deScomposición)

fruta de exportación

Hay perros ladrando a lo lejos cuando la micro se detiene con sus rosarios y sus cristos desangrados todavía balanceándose en el espejo. Ay, Zoila, tiras con tanta fuerza la maleta negra, te sientas en la primera fila y vas por el camino mirando por la ventana.

Observas el paisaje con distancia, con un alivio frío. El mundo entero se abre como un enigma ante ti, como una página en blanco que está ahora por escribirse, un destino lleno de momentos culminantes y de contradicciones.

En esto vas pensando, vas sumergida en el diseño de ese incierto plan maestro.

Al bajarte de la micro ocurre un tropiezo: te pisas los cordones y el peso del bulto te arrastra al suelo, pero entonces la micro acelera a tu lado lanzándote encima la marea sucia de la ciudad. Y tú intentas levantarte del barro pero no puedes, no podrás dar ni siquiera un paso en falso. No es que duela, es que no puedes apoyar el pie. Y no te quejas, te quedas bajo la lluvia pensando. Pero alguien te ve y te remece, ¿está bien?, por supuesto que bien no estás, pero cuándo has estado bien, piensas mientras dejas que te levante en brazos. El desconocido te pregunta adónde vas, y cómo te llamas, y si quieres que llame a alguien por teléfono, pero tú no dices nada, ni una palabra, ni siquiera le sonríes, y alguien más detiene un taxi, da precisas indicaciones, y un tercero da el portazo y todo ese gentío se despide moviendo la mano, deseándote suerte.

No sacarías nada con intentar escapar, lo único que puedes hacer es quitarte ese zapato porque el pie se está hinchando y empieza a dolerte. Las luces rojas del daño eternizan el trayecto a la Sala de Urgencias: maldición, otra sala de urgencias que es la misma o se parece demasiado.

A horcajadas de la maleta te desplazas por el pasillo.

Esperas tu turno con el número en la mano.

Te has dormido a horcajadas. Te están llamando, sigues embarrada.

Los funcionarios de uniforme ingresan tus datos. Una enfermera se dirige a ti en la lengua de señas de la emergencia; te pregunta la edad, adivina tu nacionalidad, te abre la boca y aplasta tu lengua: diga a, una aaa largaaa.

Esas manos te examinan.

Esos ojos verdes sobre tu pie se multiplican, un centenar de dedos parecen presionarse en el punto más frágil y doloroso: habrá que explorar tu pierna por dentro, con rayos. Te pregunta si estás embarazada, y tú niegas con la cabeza: de tu cuerpo no piensa salir otro.

Un radiólogo reaparece para informarte que aquí hay huesos rotos, aquí, mientras viste tu empeine con una tela fría de cal que rápidamente se endurece. Esa armadura de yeso es la que ahora te hace cojear por los pasillos embaldosados: ya has salido del hospital, ya has cruzado la capital y advertido que las afueras están desiertas. No se ve a nadie en las instalaciones industriales que el taxi va dejando atrás por la carretera. No ves ni un quiltro, sólo un avión te sobrevuela. Y te bajas en el aeropuerto, y arrastras la maleta además de tu pierna por el terminal intentando no perderte para no andar de más descifrando lentamente los carteles iluminados que te llevan al sitio donde comprarás tu pasaje.

Nadie ha prestado atención a la foto de María estampada en su pasaporte, nadie sabe que esa hermana tuya está detenida en el Juzgado: se distraen mirando tu pierna de yeso, preguntándote, consternados, qué te ha sucedido y cuándo, y tú sonríes sin dar explicaciones, agradeces diligente que no hagan caso de todo ese barro seco pegado como costras en tus pantalones. Y tu maleta desaparece sobre la cinta mientras te diriges hacia el siguiente agente, el que sella el pasaporte de María y te desea suerte, y cojeas hacia la puerta de embarque. Y te subes al avión como si fueras otra, y aquí estás, sentada, sumida en el cansancio mientras el avión despega, suspendida en el aire.

La temperatura en la cabina lentamente desciende, el frío te va volviendo insensible. Y es agradable no sentir nada, no recordar nada: esta detención. Dentro del frigorífico que cruza el cielo se te van durmiendo las manos pero sobre todo los pies: tus dedos asoman hinchados y ateridos por el hueco de la bota de yeso. Tus ojos se van cerrando mientras una geografía punteada de luces se cuela por la ventanilla, las distantes estrellas, las ventanas encendidas de las casas a lo lejos, las potentes ampolletas de las alas mecánicas. La fría anestesia del vuelo va aletargando los latidos de tu corazón y quizá sea cierto, te has dormido, el amanecer llega demasiado pronto con sus madrugadoras azafatas, todas de blanco, de pelo recogido con horquillas, empujando un carrito metálico cargado de botellas. Los etiquetados envases de vidrio chocan entre sí, tintinean cuando el avión se remece, se estremece, se agita con violencia.

Las azafatas reparten panes, en medio de las turbulencias tú agarras cinco o seis y los guardas en el bolsillo para más adelante. Las sucesivas lenguas del capitán en el micrófono alertan del mal clima de esa gran ciudad llena de gente. Gente gorda, gente enferma, gente demasiado flaca, gente de piel oscura o demasiado pálida. El mundo puede ser un gran galpón lleno de gente diversa. El mundo allá abajo es una enorme instalación fabricando ciudadanos de exportación.

Escriba, dice el documento en inglés y en castellano, escriba su nombre completo, su origen racial, la intención de su viaje. Y escribes, pero todo lo que declaras es falso: tu nombre, tu origen, y tu verdadero propósito. El lápiz tiembla en tu mano, las turbulencias se agudizan mientras atraviesan los espesos nubarrones.

Es inminente el descenso.

Está subiendo la temperatura, está variando la presión.

Una voz aguda y frágil se queja de dolor en los oídos. Alguien abre y cierra la boca haciendo chocar los dientes. Nos están descomprimiendo, dice otro pasajero. Nadie te presta atención, y tú te guardas los audífonos en el bolsillo aprovechando la confusión.

Abres la ventanilla: al atravesar las espesas nubes se vislumbra el amanecer, sobre el horizonte.

El capitán anuncia las bajas temperaturas registradas en la ciudad, las pulgadas de nieve que cubren sus avenidas, los rascacielos y las grandes tiendas para turistas, y las chimeneas de las afueras que lanzan, impertérritas, una humareda asmática; habla de los ciudadanos vestidos de paraguas torcidos por el viento, allá abajo.

Pero tú no ves a nadie.

Sólo hay aviones cortando el cielo en diagonales, dejándose caer sobre la losa a unos metros. Aviones levantando su peso del suelo. Y alrededor tierra, tierra, tierra por todas partes, y algunos destellos. Porque no es tierra lo que ves sino nieve sucia, metros de nieve salpicada de barro a cada instante más cerca. Tan cerca que te parece que puedes olerla. Porque qué es ese olor tan intenso. El aire está saturado. Normas de seguridad, se disculpan en inglés y en castellano las azafatas rociando el aire con insecticida, hasta que repentinamente anuncian, aceleradas, abrocharse, enderezarse, alistarse: comienza el aterrizaje. Las uniformadas se esfuman y el golondrineo general es acallado por el duro golpe de las ruedas contra la pista.

Es el duro golpe del ingreso.

Bienvenidos al Norte.

Y fuera cinturones de seguridad, afuera bolsos de mano, es hora de rescatar los gruesos abrigos de los compartimentos; y abajo toda la tripulación y adiós a los viajeros que se quejan de lumbago. Es una escena de destripamiento general: por todas partes revistas abiertas y bolsas para el vómito. Entre mantas y pequeñas almohadas rotas vas empujando ahora tu pesado pie de yeso.

Ya comienza a levantarse un sol indiferente y sales del avión atravesando la helada ventolera en fila ciega, martilleando el piso con el taco de tu bota.

Tubos de neón.

Números negros y letras en los carteles.

Te fijas en el enorme anuncio de restricciones: desde el embargo, dice el cartel bilingüe, todo portador será multado por ingresar alimentos y deportado por atentar contra la integridad de los ciudadanos. Todo el mundo parece temer la fruta envenenada pero no tú, tú extraes la manzana de tu abrigo y le das unas rápidas mascadas: tan dulce, tan jugosa, tan extremadamente peligrosa esa fruta de tu hermana.

Y mientras te tragas hasta las semillas para que no te deporten, te pones a la cola: hay cientos de pasajeros detenidos en esa lentitud burocrática. La gente se impacienta en el hangar: bajo la potente luz amarilla y el trabajo forzado de la espera todos van avanzando, van obedeciendo.

Entregan sus mochilas y carteras para el minucioso registro; abren bien la boca, enseñan los metales de las muelas o las prótesis de titanio. Se quitan los abrigos, los cinturones, los zapatos: desfilan descalzos y casi desnudos bajo los rayos.

El agente pronuncia con acento el nombre de tu hermana y tú asientes. Le echa un vistazo a tu pasaporte, levanta una ceja, el agente, te dice que pareces demasiado joven para la edad que establece el documento, que te ves muy delgada, muy demacrada: le parece que tu cara es la del hambre.

Te quedas callada, como si no entendieras ni una sola palabra de lo que dice. El silencio siempre ha sido un eficaz escudo, tu fortaleza, pero él tampoco parece esperar una respuesta. Sigue examinándote con la vista. Que te des vuelta. Que dejes tu identidad sobre la mesa. ¿A-qué-vienes? A visitar a mi Padre, tartamudeas torpemente en un inglés que apenas has practicado. ¿Y-a-qué-se-dedica-ese-padre-tuyo?, te dice el agente lentamente, y tú, aun más pausada, a-la-importación-de-la-fruta. ¡De-fruta…!, repite levantando la voz el agente impresionado y te mira con sus ojos claros de cielo despejado, ojos alucinados bajo sus párpados flojos, ¡qué-mal-momento-para-estar-en-ese-negocio…!

Y tú asientes pensando qué mal momento, qué desesperado a la vez que crucial acto el de tu hermana, ese gesto tan heroico como suicida, pero el agente no puede sospecharlo.

Sin dejarte pasar todavía, sin timbrar tu documento le dice a su compañero, acá-hay-una-cuyo-padre-no-puede-seguir-importando-fruta-y-en-vez-se-trae-a-su-hija… El compañero levanta los hombros, sonríe, y también tú esbozas una sonrisa. Te divierte un instante la idea, luego la desechas. Recuerdas toda esa fruta devuelta en los grandes contenedores, en la fruta detenida en los sucesivos camiones rojos de la empresa. Tú serás la fruta que pase inadvertida.

El agente se moja los labios con la lengua y con la lapicera suspendida entre los dedos te pregunta cuánto tiempo necesitas, cuánto tiempo quieres que te timbre en tu pasaporte. No le dices nada todavía, y él, más lento, creyendo que no entendiste, insiste, cuán-to tiem-po, María del Campo. Pero tú no sabes contestarle cuánto será suficiente para realizar la operación que tienes en mente.

El agente no espera, improvisa cualquier plazo que tú has decidido no respetar.

Tres hombres de azul se pasean por el terminal sujetando a sus perros negros con correas. Estos perros amaestrados nunca ladran, no sueltan un sólo aullido a menos que tengan un motivo: han sido disciplinados a golpes. Culebrean entre los pasajeros que esperan sus maletas.

No los mires, Zoila: estos cazadores de sustancias son feroces.

El más grande se detiene frente a ti, mete su hocico entre tus piernas, su nerviosa nariz te acaricia.

No te muevas, aunque las manos te suden.

Al disparo de una cámara el perro levanta las orejas y se separa; ahora todos juntos gruñen, se estrangulan intentando zafarse de sus correas mientras el guardia le grita a la turista que están prohibidas las fotografías: Guarde inmediatamente la cámara, señorita.

Y entonces la cinta inicia su movimiento y los perros olvidan el incidente aguzando el olfato en las cajas de cartón, en los cochecitos, en bolsos deformes; rastrean el equipaje con sus narices húmedas.

Tu maleta llega rodando a tus pies: dentro vienen todos los dólares que te quedan para mantenerte el tiempo que sea necesario. Billetes y las tijeras podadoras, y todos esos cuadernos llenos de mapas, de poemas, de recortes sobre hospitales y enfermedades; todos esos cuadernos de composición donde has anotado y memorizado los síntomas y diagnósticos, cuadernos que te han convertido en la especialista en células, en complejos sistemas defensivos, en mutaciones virales y en la resistencia de las bacterias... El lenguaje del organismo es el único que verdaderamente comprendes: ese idioma es tu única lengua y es tu mejor arma de ataque.

Y ya estás muy cerca, cada vez más cerca de llevar a cabo tu propio experimento en el Gran Hospital de la ciudad.

Ya estás junto a tu maleta olfateada.

Arrastras la pierna como otros empujan sus carros. Algunos pasan acelerados por tu lado, con frenesí, atravesando el nauseabundo aire del terminal, escrutando sus relojes, deteniéndose a estudiar un momento las pantallas que señalan los diversos rumbos de los infinitos viajeros.

No ves la salida ni la buscas: tu pierna ahora tibia te pica intensamente.

Pero entre el yeso y la piel no caben tus dedos. Sólo cabría algo muy delgado, tal vez la hoja de una tijera, y por eso estás empujando tu maleta a un lado, para abrirla, para sacar de adentro las podadoras y rascarte. Introduces sus puntas bajo la cal dura. El filo de la hoja aviva la desazón pero también te da un intenso placer.

Qué alivio cuando empujas la tijera más adentro, cuando vas rasurando células muertas. Qué sorpresa cuando ves aparecer sangre en la hoja. Es tuya esa sangre que corre tijera abajo hasta untarte la mano. Tu sangre salpica el blanco de la bota y el suelo de baldosas.

Una voz atascada en tu memoria murmura cuidado con las heridas en las extremidades, es una voz extraña que viene de tu interior, una voz que quiere advertirte de la infección, de la gangrena, pero tú no prestas atención. No te inquieta observar esos dedos hinchados ahora ensangrentados. No te importa todo el barro seco de tu ropa que ahora se impregna de tu sangre: secas las tijeras en el pantalón y las guardas en la maleta. Te levantas, detectas al fondo unas puertas de vidrio que automáticamente se abren y se cierran y hacia allá remolcas tu equipaje.

Al salir del aeropuerto te abraza una ventolera.

Una multitud delante de ti va deslizando sus tarjetas por los torniquetes; tú vas detrás, entras al final, te detienes ante el gran plano que señala el sinuoso recorrido hacia el noroeste de la ciudad. En tu pequeño mapa de bolsillo el lugar al que te diriges ya ha desaparecido; de tanto presionar tu lápiz el hospital se ha transformado en un agujero por el que se cuela el aire frío.

El tren que comienza a asomar sus potentes lámparas al fondo del túnel te dejará en el Hospital. Viene haciendo rechinar sus frenos sobre los rieles hasta que se detiene y los pasajeros ingresan en la penumbra, se sientan, observan un bulto cubierto de diarios. Tú también lo observas detenidamente: es un hombre de cara picoteada. Parece dormido pero su mano callosa sujeta férreamente bolsas llenas de latas abolladas, latas de bebida dobladas; desconchadas latas de cerveza, cientos de latas de colores como enormes caramelos.

El vagón empieza a saturarse. En cada parada se va cargando de pies que entran con zapatos recién lustrados, de piernas que se doblan al sentarse, de manos que van asiendo las barras metálicas y cuerpos que cuelgan como vestidos recién planchados.

Nadie cede su asiento.

Y continúan entrando más pasajeros de los que salen; todos te rozan, te tocan, aplastan contra ti su carne; en cada parada son más pálidos, más erguidos, más imperturbables tras sus gruesos periódicos.

En el suelo el hombre de las latas parece acorralado contra una esquina y ahora obstruye la salida. Las puertas se abren y en vano intentan cerrarse. Prohibido-obstruir-la-entrada, reclama una voz a todo volumen por los parlantes pero ahí siguen las latas; señores-y-señoras, la-entrada, repite el irritado conductor, algún-brazo, la-cola-de-un-abrigo, en-la-salida, dice, y luego insiste: ¡No-podemos-partir!

El tren sigue detenido en el andén.

Otodosfuera, otodosdentro, chilla él con su pesado acento de conductor. Es difícil entender lo que dice en medio del ruido de puertas que frenéticamente se cierran sin cerrarse completamente e inmediatamente vuelven a abrirse.

Y el aire se vuelve más espeso, el hedor a miedo más intenso.

Y entonces percibes a lo lejos un silbato policial, y comprendes que no hay tiempo que perder: este hombre está en peligro. Tijeras en mano tajeas la bolsa y las latas saltan sobre el andén haciendo tropezar a los guardias que se abren paso. Pero las puertas siguen sin cerrarse, y en medio de la confusión el guardia saca una tranca y empieza a golpear al hombre que ahora ya no tiene latas.

Lo golpea.

En las costillas y en los hombros.

En los muslos le da con fuerza.

Duros golpes de fierro, golpes mortales.

Envuelto en papeles y titulares ahora los guardias lo arrastran para afuera como un peso muerto mientras tú escondes tus tijeras.

Al tomar la curva las ruedas emiten su olor a fierro chamuscado. Después el tren frena de improviso y nuevos pasajeros van siendo liberados. Libre el de bigote ralo. Libre el anciano que predica a gritos. Libre la mujer negra y su tropa de niños mulatos. Libre también tú, te levantas para salir. Pero al agarrar tu maleta te percatas del charco viscoso bajo el yeso. Esa sangre sin coagular que apenas reconoces como propia va dejando su huella por el andén, en las largas planchas de metal, al subir con dificultad las escaleras. Hay un extraño silencio alojado dentro de tu cuerpo cuando te asomas a la superficie con sus vitrinas relucientes, con sus calles impecables cubiertas de nieve.

Andas por el borde, equilibrando las ruedas de la maleta en la vereda, calle abajo, siempre cojeando. La vereda está regada de sal gruesa y en las esquinas se amontona la nieve sucia. La intensidad del frío coagula tu herida.

Al doblar la esquina en dirección a la plaza fijas los ojos en los edificios de espejo que parecen enterrar sus agujas entre las nubes. A tu alrededor esos árboles deshojados, esos postes de luz parados sobre su única pierna te parecen una infinita procesión de lisiados. Largas limusinas blancas y taxis amarillos se estiran hacia el punto de fuga de las avenidas.

Te encaminas hacia un banco cubierto de diarios húmedos en el medio de la plaza y te sientas. Te gusta la desolación de esta pequeña plaza, de pronto piensas que podrías quedarte aquí hasta el final, en este punto que te permite mirar día y noche la fachada del Gran Hospital… Cuando por fin me descuelgue del mundo, piensas, o tal vez recuerdas, con una alegría profunda, porque sabes que el final está cerca.

Metes tu maleta debajo del banco de madera y entonces sí, ahí, ante ti, admiras la fachada blanca. No te cabe duda: esa es la elegante fachada de los recortes: el letrero luce las mismas letras del mismo nombre de pila del hospital. Los mismos jardines, las mismas escalinatas y dos columnas simétricas.

Por la puerta aparece una enfermera en delantal. Te sorprende que la mujer no lleve un abrigo en esta mañana tan fría, te extraña que no saque un paraguas ahora que ha comenzado lentamente a nevar sobre la plaza. Lo que más te llama la atención es que parece venir hablando, o al menos gesticulando con una mano alzada y en movimiento mientras la otra lleva un diario apretado en el puño.

Pero no estás segura.

No ves bien y sabes que pronto no verás casi nada, y sin embargo te da la impresión de que esa mujer viene caminando en tu dirección. Se va acercando hasta que de pronto toma la diagonal y se desvía sin dejar de mover los labios.

Ahora la plaza está desierta y también la gran puerta del hospital está vacía, y tú decides vigilarla un momento largo: por esa entrada vas a escabullirte.

No tienes hambre pero sacas los panes del avión guardados en tu bolsillo. Están duros pero con tus tijeras los vas partiendo en pedazos. Con ellos te llenas la boca, masticas con dificultad y luego tragas. Te sientes inmediatamente hinchada pero sigues empujando pan entre tus labios, otro pedazo, y todavía otro, y el siguiente, hasta que no queda nada entre tus dedos. Las migas que caen al hielo serán el almuerzo de los pájaros. Pero quizá a esta plaza no vengan jamás palomas, no hay ni una sola ahora, sólo hielo, sólo papeles de diario diseminados por la nieve, sólo el banco con tu maleta escondida debajo. Sólo una fatiga que empieza a apoderarse de ti, desde la punta de los pies hasta la punta de la nariz. Lo que te alimenta te desnutre, lo sabes, los sabía también María y esa frase le pertenece: lo que podría alimentarte va a matarte. En esto piensas mientras minúsculas motas de nieve se depositan sobre tu cabeza.

Cierras los ojos un instante.

La harina del pan y también el azúcar se te han subido a la cabeza, tu lengua afloja, los ojos se te cierran. Pero no debes dormirte, no ahora, Zoila; sacúdete, despeja ese sabor amargo de tu boca, levántate antes de que te duermas bajo la nieve.

Y te pones de pie con esfuerzo y vas dando lentos pasos hacia adelante.

El viento frío te ayuda a caminar como si no fueras tú la del pie quebrado, como si fuera otra la que hunde el yeso en la nieve y la tijera en el invierno para rebanarlo en dos trozos. El filo de tu podadora va separando el pasado del presente y del futuro inmediato, va haciendo jirones las historias que te contaron para obligarte a obedecer y todas las prohibiciones. Hay tanto que cortar, Zoila, en ese hospital donde genetistas y cirujanos trabajan sin descanso días enteros con sus noches, feriados y vacaciones, donde todos ellos se afanan por una cura mientras mantienen a los pacientes enchufados, pinchados, drenados, adelgazados, deteriorados, sentenciados a vivir así y sin derecho a discrepar...

En eso vas pensando mientras cruzas la plaza, arrastrando el yeso, cabizbaja, dejando atrás una estatua de metal y un muñeco de nieve que desde la esquina de la plaza te clava sus horribles ojos negros.

Te quedas un momento ante la reja, observando la rutina de la entrada.

Apoyado en la ambulancia un chofer de bigotes enciende un cigarrillo con el que está terminando de fumar. Tres reanimadores hablan mezclando dos lenguas, o quizá tres, pero una cuarta voz los interrumpe: es la mujer de la radio anunciando una cifra.

¡Ochocerouno!, exclama. El chofer levanta la vista y presta atención dando una calada al cigarrillo.

Ochocerouno, repite en clave la operadora.

¡Un-atropellado!, traduce el chofer llamando a sus compañeros y aplastando la colilla. Los cuatro se montan en la ambulancia mientras del hospital sale, a tropezones, un paramédico.

No se percatan de tu presencia. En el alborotado retroceso te cuelas por los controles desatendidos de la entrada, por los detectores de metales. Dejas atrás la recepción y vas avanzando por un pasillo entre enfermeras ojerosas que abandonan el turno. Hay anestesistas acodados fuera de los pabellones, médicos con estetoscopios, asistentes enfundados en látex y una multitud de internos refregándose las manos. Toda una línea de ensamble, una cadena de producción que te revuelve el estómago.

A duras penas llegas a la ruidosa sala de espera, donde te cruzas a las mujeres golpeadas de cada madrugada, a los accidentados de siempre, a ancianos con cánceres terminales o con la ropa empapada en orina, a turistas mordidos por ratones. Por un instante crees ver al Enfermero pero sabes que alucinas, sabes que esas palabras extranjeras tampoco son las de aquellos médicos y que el hombre que se aleja dando pasos rápidos hacia el final de otro pasillo no es el Médico; y es también distinto ese olor a desinfectante que te renueva las arcadas. Este hospital te recordará siempre al primero.

Miras a tu alrededor, pero lo que buscas no está aquí, no en esta sala de espera, no, por supuesto que no, date prisa. Antes de que te vean debes cruzar esas puertas hacia el interior, cruzar hacia la zona de los protocolos experimentales con tu tijera.

Tienes que apurarte, avanzar disimuladamente por detrás de esa enfermera toda rubia, toda teñida, con horquillas y con el rictus rígido de la responsabilidad. Está gesticulando, al hablar mueve exageradamente las manos.

Esta mujer te llama particularmente la atención, al principio no sabes por qué te parece reconocerla. Quieres descartar la idea pero estás segura de que la has visto. Y de pronto lo sabes: ella es la enfermera que viste salir por la entrada del hospital hace un momento. Es ella quien parecía ir hablando sola en apenas un delantal, ella la que caminaba bajo la nieve sin abrigo ni paraguas, la que después de dirigir su mirada hacia ti cruzó en diagonal la plaza.

Esto te desconcierta: ¿cómo pudo regresar tan pronto?

Por un momento dudas que sea en realidad la misma enfermera: te planteas que quizá esta simplemente se parezca a la que viste salir desde lejos, o que tal vez esta sea su hermana; incluso fantaseas con la posibilidad de que todas las enfermeras del mundo provengan de una matriz idéntica...

Especulas mientras la observas dando órdenes ágiles e incesantes a las demás. Da la impresión de estar sumamente concentrada en sus papeles y piensas que no se ha percatado de tu presencia. Si te mueves discretamente quizá no note que intentas infiltrarte a sus espaldas. Y te mueves, con sigilo, con extrema lentitud, como distraídamente, procurando disimular la cojera de tu pesado pie de yeso.

Y vas logrando pasar inadvertida hasta que en el instante menos previsto ella estira el brazo y te detiene.

Adónde-cree-que-va, dice en inglés.

Que te suelte el codo, piensas, de espaldas, sin contestarle.

¿Me oye?, ¿adónde...?, repite en castellano, por si hablas otra lengua, pero tú continúas haciéndote la sorda, la desentendida.

¿Oiga?, continua la enfermera y después dice algo que quizá sea mandarín o cantonés o algún ruidoso idioma del Asia, y tu intentas desprenderte de su brazo pero ella sigue remeciéndote, empujándote con más fuerza para que te devuelvas a la sala de espera, saques número y te sientes.

Pero tú no vas a hacerle caso y no vas a devolverte.

Te das vuelta hacia ella con los dedos hundidos en el fondo de la garganta y le vomitas encima una bocanada de pan y de bilis amarilla. Es una arcada súbita sobre su delantal inmaculado y su rostro apenas maquillado.

La enfermera empieza a gritar pidiendo ayuda con los ojos cerrados.

En la confusión de colegas que corren en su auxilio sin saber qué está sucediendo o ha sucedido, de camilleros pasmados, de oscuras aseadoras que sonríen sosteniendo sus traperos y cuchicheando, y entre los alegatos de enfermos impacientes por la demora, tú desapareces.

Te metes por una puerta entreabierta.

Con la manga de tu abrigo te secas los labios, te sientes tanto mejor ahora, tanto más desprendida y despejada, tanto más liviana, tan preparada para buscarlos y encontrarlos.

Te mueves como un ratón por los largos corredores blancos, cruzando ahora sin ser detectada por puertas de entrada prohibida.

Vas asomándote en el silencio de las salas hasta que de pronto, ahí están. Son ellos, ahí, amarrados a sus camas, conectados a una sola gran botella llena de líquido que se distribuye en lentas pero exactas gotas hacia sus venas.

¿Quiénes son estos niños, con qué promesa falsa los han encerrado en esta sala, intervenido con mangueras, monitores y pulseritas blancas? ¿Cuántos datos de interés científico han extraído de su sangre, qué les han extirpado y quién los reciclará y dónde? ¿Para qué quieren mejorarlos, si están todos condenados? Les han arrebatado la posibilidad de decidir, de ser dueños de su propio destino, y una rabia antigua se posesiona de ti, de tus manos, de tu impaciente tijera.

Ante todas esas criaturas envueltas en sábanas tienes la convicción de que hay que impedirlo, hay que detener este proceso, aquí, ahora, y todas las veces que sea necesario. Lo harás una y todas las veces que puedas, atacar la maquinaria, desenchufarla, boicotearla...

Y te vas acercando a las cánulas hundidas en sus venas.

Una gota y otra gota van entrando hasta el corazón y el cerebro de estas criaturas mientras extraes tu herramienta del bolsillo, y riéndote como no te has reído nunca, casi a gritos, casi con hipo, empiezas a cortar una cánula tras otra, una tras otra todas estas cánulas, las primeras de tantas que habrás de rebanar.

Litros de suero turbio se derraman ahora manchando los suelos del hospital.

quizá una frase, una,
mientras hable no estaré sola,
mientras me injerte adjetivos y adverbios
seguiré atrapada,
porque escuchándola habrá otras, otras
como yo o diferentes a mí
acostadas sentadas o de pie
esperando que se calle para partir
en una micro o en el metro
en el camión extraviado del basural
en la espléndida limusina del cementerio
en el barco de carga de mis descargos
antes de que se haga tarde:
que susurre largamente
la última frase de su largo silencio

(cuaderno deScomposición)

pies en la tierra

…y me digo absolutamente desmoralizada que esto tiene que ser un error, que el mal tiempo de esta mañana es simplemente un tropiezo de la naturaleza, un desorden químico en la cabeza loca del clima. El tiempo está alterado, desordenado, desquiciado. Algo extraño ha ocurrido con el tiempo, se saltó el pronóstico del diario o se adelantó: está nevando. Maldita nevada de algodones fríos que se derrama sobre mi pelo recién teñido. La madrugada ha colocado una gasa estéril sobre la piel áspera y rota de la ciudad, y este aire cargado de nieve barre hasta la asepsia las calles desiertas. Ajusto mi moño con una horquilla y noto mis dedos manchados de tinta, mis dedos sucios a pesar de los guantes. Examino también mi delantal chorreado de sangre. Estas largas salpicaduras son la condecoración de mis noches, me digo a mí misma en madrugadas como esta. Son el vestigio de los cráneos que abro o remacho, de las agujas que clavo, de las inevitables secreciones de los órganos. Sobre estos residuos van cayendo ahora motas de nieve blanda que se deshacen al tocarme. Manchas en mis dedos, manchas en mi delantal, y en la plaza inmaculada otra mancha que no, que verdaderamente no es una mancha. No: es esa mujer. Es la misma mujer en la misma banqueta de madera de todos los días con su grueso abrigo, leyendo. Cuántas veces he vislumbrado a esta mendiga arropada hasta el cuello por la nieve, me pregunto dejando atrás el turno en mi puro delantal mugriento. Y cómo me vine sin bufanda, cómo pude salir

de mi casa sin guantes y sin impermeable. Cómo es posible que no se me haya ocurrido. Ahora la tormenta está terminando de cuajar sobre los edificios con sus tanques de agua, sobre los cables y los postes de luz que empiezan a apagarse, sobre la plaza y su destartalado monumento, sobre las ramas deshojadas de los árboles. Nieve sobre los basureros llenos de jeringas desechadas y bolsas de plástico. Nieve sobre la sal gruesa que derrite la nieve sobre las calles. Sobre esa excéntrica mendiga cubierta ahora por la nevada. Y va a caer una helada, pienso. Pienso que tengo que irme derechito a mi casa, sin perder un minuto ni desviarme: irme, rapidito, en línea recta hacia mi cama. Por supuesto: esto es lo que debo hacer. Me lo digo totalmente convencida de que debo irme, pero sin dejar de mirarla. Irme rapidito. Y rapidito bajo los escalones y cruzo la calle y hundo un pie en la escarcha en el instante exacto en que deja de nevar. El imprevisto cese de la nieve me anima a cruzar la plaza y voy avanzando a toda velocidad cuando noto que unos niños uniformados han aparecido, de la nada, y han comenzado a atacar a un muñeco de nieve que tampoco había visto. Lo deforman a pedradas, lo descoyuntan, a trancazos le vuelan el seso y lo despedazan sobre el suelo; le sacan las tripas y se arrojan sus órganos de hielo: entre gritos y risas su corazón frío, su hígado frío, sus riñones congelados, y la vejiga. El más alto recoge la cabeza y se mete al bolsillo sus ojos negros, sin córneas, unos ojos abiertos y abotonados; alguien se lleva la zanahoria desabrida, los otros se alejan corriendo. Me alejo del hospital yo también con mi uniforme sucio y los pequeños verdugos desaparecen tras un edificio de espejos; la enfermera de nieve que soy atraviesa la explanada a campo traviesa. El sol perfora una nube y repentinamente la plaza glaseada resplandece. Qué encantadora vista, pienso algo ahogada por la caminata, qué encantador este sol adormecido dorando este pastel de plaza. Pero pronto este mismo sol convertirá todo esto en clara de huevo, me digo mientras avanzo. Toda esta nieve compacta reducida a charcos tibios y sucios. Charcos, me digo y me repito, el peligro de los charcos. Y me detengo, y abro la boca urgida por gritarle a quien quiera oírme: ¡a-ten-ción ciudadanos! Los alerto de posibles esguinces, de fémures rotos, de codos luxados. ¡Presten atención!, quiero advertirles, pero sólo lo pienso. Querría poder decir que les avisé de todos esos accidentes que hacen necesario mi trabajo. Querría jactarme de haber prevenido del peligro a toda esa gente fracturada de cadera, lesionada de tobillo y haciendo cola para la rifa de la muerte... A todos esos peatones destinados al resbalón y al tropiezo y a la sucesiva caída, a todos ellos que no son más que cifras de nueve números en un ángulo de mis expedientes. Pero no les digo ni les diré nada. Sólo les exijo un documento de identidad para entregarles las radiografías del desastre. Y les notifico, sin el más mínimo simulacro de interés, sin la menor cordialidad, sin un gesto de compasión o de simpatía, que los ligamentos nunca quedarán bien ensamblados, que esos huesos astillados o hechos polvo nunca volverán a ser como fueron, huesos-huesos, sino calcio de barómetro cada invierno. Las víctimas de los charcos tendrán que sacar dinero de sus bolsillos, tendrán que liquidar sus cuentas para procurarse el tratamiento que pudieron ahorrarse si hubieran atendido a mis consejos. En eso hay que pensar, a veces pienso, en la necesidad de custodiar cada uno de esos charcos, en la obligación de entrenar el ojo y prevenir. Es el deber de las enfermeras advertir. Es parte de nuestra ética profesional, oír confesiones sin lástima, amordazar quejas y anticipar sucesos. Pero quizá sea preferible no predicar demasiado porque el hospital requiere de lesionados y también yo. Porque también yo puedo verme en la angustiosa necesidad de exprimir mi presupuesto. Nunca se sabe cuándo sobrevendrá el siguiente percance. Y la premonición de mis posibles miserias me pilla a apenas unos metros de esta mujer que continúa leyendo; me pilla con los labios separados, con la respiración agitada, con la boca tentada a decir algo. Alguna frase, alguna pregunta para esta mendiga. Pero justo antes de ponerme a hablar, me detengo. Lo que desde lejos creí una mendiga ahora me parece más bien una estatua a la que alguien le ha dejado un diario entre los dedos. Cierro la boca y me contengo: sin soltar ni una sola sílaba me sigo acercando. La suela de mi zapato blanco naufraga ahora en la nieve aplastando un pedazo de diario. Hay hojas de periódico sembradas por la plaza, y recién me percato. Hay por todas partes desperdigadas noticias en blanco y negro, hojas movidas por el viento. Me arrimo a la estatua cubierta de escarcha hasta los hombros. Su nariz inesperadamente suelta un escuálido hilo de aire y parpadea. Y la enfermera que soy de pronto razona, ¡estoy completamente miope! Tengo que ir mañana mismo al oculista, mañana por la mañana o en mi primera tarde libre. Porque lo que primero creí una mancha y después una mendiga y enseguida una estatua de bronce resulta que es una mujer: una mujer de abrigo y huesos. Le hundo mi dedo en la mejilla: una mujer de carne. Y no sólo es una mujer; es, además, una mujer bastante joven. Pero me acerco sin discreción a su rostro y entonces concluyo que tal vez no sea tan joven, que quizá su lozanía se deba simplemente a que en estos fríos tan intensos, en estas horrorosas heladas, resulta inevitable mantener un aspecto terso… La carne se conserva intacta en este clima refrigerado, me digo fascinada. Pero un nuevo aleteo de su párpado me distrae. Le rozo suavemente un hombro cubierto de nieve pero esta mujer no levanta la cabeza. Sólo pestañea como si estuviera pensando intensamente. Los ojos de esta mujer se mueven de un lado para otro, son gusanos inquietos que habitan la carcasa de su pálido rostro. Mi ojo clínico no se ablanda en el examen, ahora escudriña los probables síntomas de hipotermia en el inexpresivo rostro de la mujer que lee. Pero qué estará leyendo. Disculpe, le digo por fin expulsando en un susurro blanco una palabra. La mujer no mueve ni uno solo de sus músculos, ni un milímetro de su cuerpo se contrae, ni siquiera pestañea ya, y yo:

disculpe. ¿Le importa que me siente? Mis labios escupen estas palabras mecánicamente: toda mi pregunta es parte del engranaje de la simulada caridad que yo misma engraso cada día con mi aceite. ¿Le importa? Tengo los pies como piedras, empiezo a sentir las rodillas tiesas, me duelen las junturas de los huesos, los metacarpios, sobre todo los juanetes. Pero la mujer no se conmueve, y yo recapacito un momento: si de verdad quisiera sentarme podría tomar asiento: este banco es de propiedad pública, es decir, tanto mío como de ella. Y entonces mi solicitud es estúpida: podría sentarme pero no quiero ni debo tomar asiento: la nieve sobre el banco me empaparía la falda blanca, las medias blancas hasta la cintura, los calzones y la lánguida piel del culo. Si me sentara me empaparía, sentiría el frío como una sábana caliente quemándome las nalgas. Pero he solicitado sentarme y quizá por eso, por dignidad, con total entereza, debería apretar los cachetes y sentarme. Pero me resisto. Y entonces, por qué he venido a perturbar la lectura de esta mujer en esta mañana nevada de sol, para qué interrumpirla con mi retorcida retórica si verdaderamente no puedo… Ay, me encantaría poder sentarme, le digo sin explicarle mi disyuntiva. No me atrevo a confesarle que no puedo permitirme el lujo de enfermarme. Si contraigo una gripe me quedo sin sueldo: es así de fácil. Es así también de cierto: está estipulado en mi contrato: no se admiten enfermeras enfermas en la sala de emergencias, no se aceptan dentro del hospital trabajadoras de la salud no saludables. Esta cláusula, subrayada en el pie de página de mi contrato, comentada en los pasillos y en la cafetería subterránea del hospital, confirmada en cada despido, indica que yo; tosiendo o expectorando, con un dolor agudo en las costillas de tanto sacudirme, que yo; culpable por exponerme al riesgo de agriparme y conseguirlo; que yo; de manera voluntariosa y unilateral he roto mi contrato como enfermera de Urgencias. Así de simple es. Tan inmediato como irrevocable. Lo especifica ese papelito con copia que yo decididamente firmé

contra los sindicatos. Y porque puse mi firma en un acuerdo des-
ventajoso y automáticamente renovable, porque firmé sin chistar
me quedaría en la calle, de patitas en esta ventosa calle con sus
veredas crujientes, con sus charcos de invierno radiante. Cesante
y sin derecho a pataleo. Así dice el doctor jefe que redacta todos
los contratos y también los termina. Pero es mejor no ponerse el
parche sobre una herida que aún no se abre. Estoy completamen-
te sana todavía y no voy a enfermarme nunca, al menos no aho-
ra, no en esta plaza ante esta mujer. Me digo que no a la vez que
oigo otro no, un no rotundo que me interrumpe: es el no de la
mujer que ha abandonado en el momento menos esperado su
silencio. No... I don't ... nothing... Su voz acerada me ha descon-
certado y todavía me paraliza cuando repite: I don't..., not a
word... of English... Pero es absurdo. Me está diciendo que no
habla en inglés, pero es en inglés que lo dice..., en un inglés titu-
beante pero definitivo. Disculpe, le contesto, algo encogida, dis-
cúlpeme, pero yo no le hablé ni una sola palabra en inglés, digo
modulando mi mejor español y a continuación intento poner los
puntos sobre las íes, explicarle que todas las enfermeras del hos-
pital nos comunicamos las unas con las otras en español, que le
hablamos a los enfermos en castellano o en cualquiera de sus
variantes, y solamente a los doctores nos dirigimos con todo el
respeto y la sumisión que nos es posible en inglés. Hablamos to-
das las lenguas las enfermeras del mundo, le informo, conocemos
de memoria el vademécum, estamos considerando apuntarnos en
lecciones de esperanto. Usamos todas nuestras lenguas en su esta-
do puro si es absolutamente necesario y también las mezclamos:
como los farmacéuticos con sus químicos en el laboratorio las
combinamos. Le puedo hablar en lo que quiera, le digo, pero le
aclaro que todo lo que dije antes se lo dije en el más puro, repito,
sin aliento, al borde de la tos o del colapso, en el más límpido
español que conozco. Se lo digo ahogada mientras me percato de
que la nieve que la cubre ya empieza, lentamente, a derretirse. No

se siente..., me interrumpe su voz fría. Densa y fría. En un castellano áspero y exagerado su voz me dice: no se le ocurra... sentarse... por ningún motivo... a mi lado... déjeme, váyase... Más que decirlo lo murmura, pero sin expresar ni el más mínimo reparo por la grosería de echarme. La voz tiene grosor, es la voz acerada de un clavo. Déjeme sola, repite, enterrándome su rechazo, búsquese otra plaza... búsquese otra persona a quien hablarle... La punta de su impertinencia se hunde en mi costado: me desinflo lentamente, me quedo sin aire. ¿Qué se habrá creído esta mendiga?, pienso resentida, ¿que la plaza es suya? Paciencia, me digo, porque probablemente, muy posiblemente, esta mujer esté mal de la cabeza. De la cabeza o de cualquier otra parte: grave. El silencio se vuelve incómodo; es un silencio con pies de piedra, y el pie de página de mi contrato vuelve a aparecer en mi cabeza. Quién me manda a atravesar esta plaza, me digo a mí misma tiritando bajo el sol endeble. Quién me mandó a rescatar a esta joven mujer sepultada en la nieve. Tomo aire y echo para atrás la cabeza. Me arreglo otra horquilla en el moño. Qué absurdo. Qué mañana tan encantadora, pienso que pensé al salir del turno. Encantadora antes de vislumbrar a la mujer atrapada bajo la escarcha. Qué mañana, y ahora qué. Que me largo de aquí a toda velocidad. Tan rápida como llegué a este punto me largo. Dejo a esta mujer absolutamente insensata, terriblemente mezquina y me largo sin mirar atrás, derechito a mis tres escalones regados con sal gruesa, a mi chapa difícil de acceder, a mi puerta que se abre a empujones, y me pongo a preparar el desayuno en mi cafetera. Para pasar este mal trago cubriré mis tostadas con dulce. Rapidito me quitaré la ropa mojada y me enchufaré unos calcetines; expulsaré de mi cuerpo una meadita turbia y tibia o tal vez caliente. Meterme a la cama con mi café aguado e instantáneamente, sin siquiera proponérmelo, prenderé la tele y dejaré pasar infinitos comerciales y, sin saber siquiera cómo me olvidaré de esta imprevista mañana y de esta plaza. Ha sido un craso error atravesar esta plaza, un error en este frío, yo, que soy asmática. Debo irme. Me lo propongo seriamente pero aquí estoy: sin poder moverme. Igual de enterrada que los postes de luz en las veredas, y los árboles. Aquí sigo de pie, como anoche; clavada como clavando una aguja con morfina en una vena. Como anestesiada... ¡No puedo largarme! Toda mi práctica clínica me ha traído hasta aquí. Mi disciplina es la que me ata a esta desconocida. Mi voluntad de poner su nombre y su apellido en una ficha. Es eso, mi deseo y mi deber de anotar siempre hasta el más mínimo dato sobre la gente: nombres, sobrenombres, apellidos, números de identidad y de contacto, además de las historias clínicas con sus procedimientos, las dosis exactas de los medicamentos. Ese es desde hace años el requisito ineludible que nos exige el ministerio de Salud. Desde la primera denuncia de malos manejos y especialmente después, cuando empezaron los ataques contra los internados en nuestro centro... Esa inexplicable sucesión de siniestros ataques... Para intentar evitarlos alguien debía estar en guardia, alguien debía mantener un exhaustivo registro de entradas y salidas. Alguien tenía que cuidarles las espaldas a los médicos y proteger a los pacientes. Alguien. Una profesional confiable como yo que se mantuviera vigilante cinco o cuatro noches a la semana y también algunas tardes. Tras años rellenando fichas esto ya no es simplemente un trabajo... Precisamente por eso estoy aquí, por supuesto, me digo toda regocijada, súbitamente sugestionada de que este lugar en el medio de esta plaza es el que me corresponde. Me anticipo al momento neurálgico de una heroica hazaña que me será recompensada. Ay, sí, qué preciosa mañana, pienso ahora más tranquila, qué matin, discurro, ejercitando mi preciado pero precario francés mientras inhalo de una bocanada el aire ahora tibio, such a morning, en voz alta, para que me oiga aunque diga que no habla inglés seguro que me entiende, y guten morgen, y entonces me pregunto cómo sería en chino, en mandarín qué encantadora, qué mañana en cantonés, ni idea, ni en hindi, ni en urdu; qué ignorante, pienso un poco avergonzada echando un vistazo al horizonte desolado de la plaza. Porque esto es lo que hay: unas calles aledañas desocupadas, las escaleras de emergencia vacías, el muñeco de nieve derribado, destripado, a medio derretir. Miro a mi alrededor en vano y vuelvo a mirarla. La mujer sigue leyendo, imperturbable. Mis ojos taquígrafos se cuelan en la página y toman nota de lo que lee, entornando los ojos, intentando descifrar las letras al revés. Deletreo las palabras invertidas. Dilucido hospital en el título de la crónica que esta mujer se empeña en leer. La palabra hospital justo frente a la entrada de Urgencias, y yo me pregunto instantáneamente indignada, ¿es que no se piensa más que en hospitales en esta ciudad? ¿Es que nadie habla de otra cosa? No se puede leer ya la prensa para evadirse y descansar de los hospitales. Digo esto sin poder evitarlo, lo digo repentinamente cansada de mis ininterrumpidas noches de emergencia. Que en los hospitales esto y en los pabellones aquello…, balbuceo, dejando inconclusa la frase. Pero a la mujer no parece interesarle lo que digo. No claudica en su concentrada lectura mientras yo sigo reclamando: sería necesario olvidarse de la sala de espera atestada de gente que gime y chilla y encima te vomita cuando le preguntas adónde se dirige, le digo a la mujer que ahora me parece que esboza una sonrisa, porque hay que tener cuidado, insisto, con la gente que se nos cuela por los pasillos sin ser vista. Pero esa es otra historia de hospitales, esta que quisiera olvidar ahora y para siempre es la de los pasillos llenos de catres, de quirófanos atiborrados e improvisadas camillas para enfermos terminales. Ya no hay lugar donde meter a tanta gente, gente que entra de pie y nunca más se levanta, toda esa gente, cuando yo lo que quisiera en esta soleada y solitaria mañana es hablar a esos que nunca nos visitan: gente que nunca vi en la Sala de Urgencias; toda esa gente que entra y sale a todas horas de los almacenes, exhibiendo, en el pecho por ejemplo, o en los bolsillos traseros,

*infinitas marcas comerciales; esa gente que sale y entra y vicever-
sa de toda clase de tiendas con una estremecedora cantidad de
cachivaches, que sale de boticas cargada de cremas, que sale y
entra y sale de restaurantes sin llevarse los sobrantes de la comida, que se queda atrapada en las puertas rotativas, dando vueltas como un carrusel en el parque; hablar hasta quedar afónica
sobre esa gente que agarró sus cosas y se lanzó de los rascacielos
en llamas, de cabeza y cerrando bien los ojos antes de iniciar la
caída en picada sobre otra gente, sobre la gente que se acercaba
arrastrando las bolsas a mirar como caían a toda velocidad, con
la boca abierta, con la lengua afuera, con los ojos reventados,
cómo caían sobre los turistas que seguían grabando la alucinan-
te caída sobre el pavimento. Sobre hospitales no, no hablemos de
hospitales, hablemos sobre esas aventuras tan conmovedoras que
algunos emprenden. Gente rica y de buena familia, gente que
cree en la vida eterna aunque el cuerpo se pulverice, gente devo-
ta y valiente que de pronto, en medio de un incendio o de un
ataque, simplemente se asoma desde lo alto y se lanza por los
aires. Trago saliva y la miro. La mujer sigue en silencio, y de
pronto sé que debería callarme. Daría cualquier cosa por ser
como esa gente, susurro despacio. Y bostezo, sintiendo que me cae
estrepitosamente todo el cansancio de la noche encima. Me doy
perfecta cuenta de que no voy a poder, de que soy incapaz de
cerrar la boca ahora, y le repito: a esa gente que se tira de cabeza
desde el cielo no le interesan las Urgencias. Nosotras las enfermeras del mundo los esperamos la noche entera, pero a nuestro
hospital sí que nunca, ni de madrugada, llegan. Tomo aire. Voy
a tener que sentarme un minutito, le anuncio a pesar del peligro.
Me están matando las rodillas, insisto, pero ella no responde. Ni
pestañea siquiera mientras barro el agua del banco con una
mano y con la otra saco de la bolsa mi ejemplar del diario. Este
es un diario fresco, recién comprado esta madrugada, como
cada amanecer a la salida del turno, le explico haciéndome la*

simpática. Siempre lo consigo temprano porque se agota rápido. Desde que empezaron los ataques al hospital, hace diez años, pero incluso desde antes, desde las denuncias por irregularidades, se ha hecho imprescindible estar al tanto. La mujer no parece interesarse pero yo no me callo. Es indispensable prever los graves problemas de la Salud, o, mejor dicho, los problemas que le traen al mundo las enfermedades cuando son privadas... Antes la Salud era un problema público, le digo, un asunto del Estado. Pero los hospitales públicos empezaron a ser sistemáticamente acosados... Sí, sí, hospitales, otra vez hospitales, ya sé, le cuento, pero sólo le contaré que sobre nuestras Urgencias públicas se cebaron primero los políticos y después los propios pacientes. Urgencias estuvo siempre bajo presión y bajo sospecha, y entonces nuestros enemigos encontraron una excusa para acabar con ellas: nos acusaron de sedar a los pacientes para matarlos. ¡Matarlos! Hicieron correr la voz de que había más muertos que de costumbre, que se gastaban más sedantes de lo necesario. Se formó un comité parlamentario que escarbó nuestras carpetas y revisó ficha por ficha. Y las fichas no siempre estaban completas, a veces faltaba la firma del médico tratante o el consentimiento de los parientes, la dosis no siempre aparecía junto al fármaco correspondiente... Pero eran "irregularidades" entre comillas, porque tan apurados entre la vida, el insoportable dolor y la muerte no siempre había tiempo de llenar los expedientes. Nadie le prestaba mucha atención a las fichas, es verdad, eran uno de nuestros puntos débiles. Por escasez de personal y exceso de trabajo. Por falta de espacio y exceso de pacientes. Muchos eran atendidos en el sofá hilachento de la sala de espera. Otros eran ingresados en los catres del pasillo. Las enfermeras traían su menjurje tibio, un caldito de pollo con fideos o arroz blanco, las galletas de agua bailando en el platillo, y con una bandeja en cada mano gritaban: ¡pasillo uno!, ¡pasillo dos!, ¡la comida! En el caos público nadie se ocupaba de las dichosas fichas. El problema no eran las sedaciones sino la falta de camas para los pacientes. Ese era el mal crónico de la medicina entonces. Y también después, sigo diciéndole a la mujer que sigue sin atender a mi relato. Sólo que ahora es peor porque cada vez hay menos muertes tempranas y más viejos que continúan crónicamente quejándose de que algo les duele. Hay más dolientes pero el Estado cada vez se interesa menos por los hospitales. Se ha olvidado de los hospitalizados. El Estado es otro anciano deteriorado, con Alzheimer, en coma: sobrevive en estado vegetal pero ni siquiera podemos desconectarlo… Habría que sedarlo, quitarle la sonda alimenticia, el suero salino y glucosado, la morfina, porque está descerebrado, pero nos meteríamos en un lío por desintubarlo. ¿Pero cómo llegué a esto? ¿Qué le estaba contando? La mujer no me responde y entonces me acuerdo. Y retomo el hilo: No era cierta la acusación pero el hospital fue acorralado. Pusieron carteles difamatorios en la entrada y por todas partes en esta plaza. Trapearon el piso con nuestro decoro pero los diarios se vendían como pan caliente. "¡Eutanasia en el Hospital!", titulaban e inmediatamente se agotaban. Qué eutanasia ni qué niños muertos. Una muerte sedada y sin angustia no es eutanasia. No es acortar la existencia sino abreviar la agonía… Pero quedó una herida abierta que nunca pudimos suturar. ¡A ver si te vas a pasar de dosis y me vas a matar!, me dijo una noche un infartado sobre la mesa de exploraciones. Sí, confieso que quise enterrarle la aguja en el corazón pero simplemente lo mandé como estaba, enfermo como se sentía, grave, con riesgo de vida, para su casa. Que se las arreglara como pudiera. Y es que andábamos todos como loros en el alambre, desde el camillero hasta el jefe de los anestesistas. Por eso ya no sedamos a nadie, que se aguanten. Los resucitamos, los enchufamos, los transplantamos sin anestesia, sin calmantes. Ley pareja no es dura, así dice el cartel que pegamos en la entrada de los quirófanos. También hay carteles de esos en las salas de maternidad donde las mujeres se retuercen por horas por el trabajo de parto. Que respiren hondo. Que empujen con fuerza. Que expulsen a sus criaturas como Dios manda, con el sudor de la frente chorreando las sábanas. Y mientras ellas paren nosotras las enfermeras las amordazamos porque sus gritos nos distraen... Que se den con una piedra en el pecho de que atendemos a los desesperados después del escándalo. ¡Matarlos! ¿Para qué querríamos matar a nadie? Es cierto, de vez en cuando sí, de repente una querría estrangular a un paciente, ¡pero no!, ¡no!, nosotras amamos la vida cada vez más, las guaguas de probeta más y más, la inmortalidad de los transplantes, la clonación terapéutica y también regenerativa con células madre. Todos tenemos células madre, ¿sabe?, aunque de padre y madre seamos huérfanos. Estas células permiten crear cualquiera de nuestras células falladas, reemplazar tejidos muertos y órganos inservibles, prolongar ad eternum la existencia. Y mientras más gente haya, más trabajo tendremos y más nos dolerán las várices urdidas en las pantorrillas. Porque es un trabajo agotador el nuestro, pero yo no protesto. La desdichada mujer a la que le hablo sigue sin hacerme caso y yo entonces sí empiezo a quejarme, ay, este cansancio me está matando. Vuelvo a barrer el agua del banco para sentarme, ahora sí, sobre el voluminoso ejemplar del diario. Separo el grueso cuerpo de los avisos económicos, el cuerpo de las notas internacionales y el suplemento científico. Todos unidos por cordones umbilicales, el cuerpo científico al financiero al internacional. Estas son las partes que a diario examino, esos tres cuerpos y las páginas necrológicas. Nunca se sabe quién va a aparecer en la lista de los difuntos. Cadáveres recientes de la parentela o de las amistades junto a recientes enlaces, bautizos y también nacimientos de mellizos, gemelos y siameses. Cada vez hay más niños de estos, cada vez más creados por la tecnología in vitro. Niños iguales o distintos unidos por el ombligo, hermanados como los consorcios transnacionales, las empresas y ahora los hospitales, unidos por los pulmones o el corazón. Casi nadie sospecha que

ahora los hospitales son más bien eslabones de una enorme cade-
na; muy pocos lo comprenden, me digo a mí misma mientras voy
doblando en dos el cada vez más exiguo trozo de las noticias
locales. Sobre ese cojín de papel me dispongo a sentarme. No
aguanto ni un segundo más de pie. Ya no me dan las piernas. Me
he puesto vieja antes de tiempo a pesar del aire frío que nos
acondiciona en verano y nos mantiene frescos en invierno. Soy
una enfermera de piernas lentas en estos tiempos que no sólo
corren, vuelan; son tiempos que pasan rasantes por encima de
nuestras cabezas y podemos ver cómo se asoman por las ventani-
llas los aterrorizados pasajeros de esta época tan repleta de bom-
bardeos... Las nubes empiezan a dispersarse ahora. Me arrimo
un poco a la mujer y miro el diario por encima de su hombro. No
tengo anteojos pero alcanzo a ver las primeras líneas del artículo
que ella sigue leyendo. Se trata, ahora me percato, de un reporta-
je sobre los acontecimientos recientes en nuestro hospital... Del
espantoso suceso. De la indeleble noticia que las palabras meca-
nografiadas van relatando de manera inexacta pero sucinta: la
noticia de los sucesivos asaltos perpetrados poco después de que
sufrimos y resolvimos el asunto de las denuncias... Los esporádi-
cos pero infalibles asaltos de estos últimos años en el sector expe-
rimental de nuestra sucursal... debo reconocer que no se puede
pensar siquiera en esos asaltos sin hablar, por desgracia, otra vez,
del hospital... de ese hospital, ese, justo al frente de esta plaza,
frente a mí y a la mujer que lee. Que siga leyendo su arrugado
reportaje. Su recorte nunca le dirá lo que yo podría decirle. Por-
que nadie sabe lo que yo, la enfermera más antigua del hospital
yo, la procuradora de las fichas médicas, la que nunca ha sido
puesta en la calle. Solamente yo estoy en condiciones de explicar
los síntomas, las manifestaciones reiteradas del anónimo agresor
que ni entonces ni hasta ahora la policía ha logrado capturar.
Pero no pienso decirle nada. La mujer da vuelta la página de su
noticia mientras yo oigo, clarito oigo en mis oídos lo que tantas

veces se ha dicho: que el invicto ha ingresado desde hace años de manera solapada. *Que con toda probabilidad entra, nos dicen las altas autoridades sanitarias y la policía y también el cuerpo de bomberos, que entra posiblemente disfrazado de enfermera, o quizá de enfermo o de enferma. Nos han advertido incluso que quizá ni siquiera necesita colarse en el hospital: podría estar esperando su momento tapado por las sábanas blancas en una de las camas o catres o camillas en alguna de las congestionadas salas comunes. Esta es la hipótesis que no descarta la policía de investigaciones que vino a sumarse a la pesquisa cuando fue obvio que los agentes estatales habían extraviado la pista. Sí, por supuesto, la hipótesis más aceptada es esa, que el asaltante no es un invasor sino un enfermo crónico, un paciente terminal internado hace meses, años, una cantidad indeterminable de tiempo. Un enfermo empobrecido y radicalizado por la cercanía de la muerte, uno que conoce al detalle, como la geografía de sus suturas o cicatrices, la manera de operar del personal. Uno que se sabe de memoria las rutinas de visita, los cambios de guardia, los turnos de las malhumoradas auxiliares, la marcada de tarjeta de los obesos funcionarios administrativos, el paseo rutinario de los camilleros y de las negras, mulatas o mestizas señoras de la limpieza. Utilizando esos saberes, nos advirtió el oficial Lennox, usando esos conocimientos específicos nos atacaba ese comunista. Ese fue el término que usó, esa fue la palabra agria y ya obsoleta del oficial Lennox, que era negro pero de bigote canoso y de uñas limpias, que parecía africano sin serlo, que era desconfiado hasta la médula; sí, que como un comunista cualquiera ese hombre maleado por la epidemia nunca totalmente exterminada del comunismo nos atacaba desde dentro. Cazaremos al comunista, recuerdo que dijo, mientras nosotras pensábamos sin corregirlo que lo que quería decir era terrorista. Encontraremos a ese fanático religioso, tendría que haber dicho; o quizá a ese puritano, a ese terrorista suicida, porque esa posibilidad sigue sin estar del todo descartada... Lo sabíamos pero nos callábamos. Y acatando órdenes, cabizbajas, nos vimos obligadas a dar de baja a los pacientes terminales y a casi un centenar de antiguos crónicos que regresaban por emergencias. Diploma de egreso definitivo a la unidad de diálisis, a los enfisémicos, a los cancerosos graves, a los diabéticos descompensados y ciegos, a todos los posibles enemigos del preciado capital médico que aumentaba con financiamiento privado en la Unidad Experimental de nuestro centro. Pero no le digo nada a esta mujer, me acojo al secreto profesional. Nada de nada, me prometo, pero con los pies congelados y con ganas de hablarle otra vez. Pero no sé si me resista a interrumpir su concentrada lectura. Pienso que no voy a soportar no contarle todo esto y después ya ni siquiera lo pienso: la interrumpo: ¿sabe qué pasó después de eso? Mi dedo indica una línea sobre su diario abierto, ¿qué, después de ese ataque en ese día concreto? El diario no lo explica, le advierto, intentando que me mire. Me pongo de pie, me froto las manos y aplaudo. Sé que estoy actuando de una manera asombrosamente ridícula, pero no hay nadie más en esta plaza: estamos solas las dos: sola ella, sola yo. Empiezo a dar lentas vueltas a su alrededor, a decirle no sé por qué casi gritando que los pacientes no entendían por qué les quitábamos las sondas, por qué los sacábamos de la cama, por qué apagábamos los monitores con sus interminables diagonales amarillas y los desconectábamos de las máquinas. Los que podían, los que estaban algo conscientes se pusieron de rodillas a rezar mostrando la piel llagada por la cama a través de los agujeros de sus camisones. Con las manos juntas y la cabeza gacha decían por diosito, le digo a esta mujer pordiosera, por diosito que es grande y nos escruta con el clavo oxidado de su ojo, que no los botáramos como jeringas desechables. Otros me mostraron sus certificados con el timbre correspondiente del seguro médico, del seguro al día que no les servía para nada. Tuvimos que proceder de manera implacable. Me planto delante de la mujer y*

empiezo a vociferar, a todo el volumen que me permite mi pul-
món asmático le confieso: ¡si no los echábamos a ellos nos iban a
poner de patitas en la calle! Fuera fuera rapidito, les dijimos las
enfermeras y las auxiliares, antes de que los sacaran a lumazos
de esos catres los otros, los uniformados de gorra y los médicos de
verde con el estetoscopio colgando al cuello como la soga del
ahorcado; fuera fuera les decíamos bien fuerte para que todos
nos oyeran, rapidito salgan de esos nichos con sábanas y fraza-
das que son los catres, altirito señores y señoras, porque algunos
eran bastante sordos y otros se hacían los lesos, y nosotras, las
enfermeras, de pies a cabeza investidas de inmaculada fuerza
burocrática, traducíamos con exactitud las órdenes que los iban
poniendo a todos, a los desnutridos, a los desamparados, a los
desahuciados, sin compasión alguna, sin el menor asomo de pie-
dad, en la calle. Y adentro los celulares sonando, celulares que
nadie atendía porque todos estaban parados en esta plaza espe-
rando que les arrojáramos sus bolsas y sus colchonetas y sus re-
vistas de variedades. Ay, qué frío está todavía el aire, me digo al
sentarme de nuevo en esta esquina sobre mi cojín de noticias,
pero enardecida por el ardor de mis palabras prosigo diciéndole
a la mujer: fue un operativo sin precedentes del que no se enteró
casi nadie. No había ni un solo periodista. La prensa estaba en
una conferencia orquestada por los asesores del alcalde. ¿No le
parece inquietante? La mujer sólo pestañea y yo ya no puedo
callarme. Recibimos toda clase de felicitaciones, y esa misma tar-
de, en medio del festejo, en medio de una sala llena de catres
abandonados, una de las enfermeras dejó caer su riñón metálico,
sus jeringas, algodones y gasas esterilizadas en el pasillo, y vino
hacia mí temblando. ¿Sabe qué había sucedido?, le digo por de-
cirle algo, porque sé que no va a contestarme; usted no puede
saberlo. Nadie lo sabe, nadie investigó ni menos informó sobre
la calamidad que de nuevo nos azotaba. Escúcheme, le ordeno
sin suplicarle, esa tarde, esa misma tardc, apenas unas horas

153

después del despido de los pacientes terminales, mientras el ofi-
cial Lennox descorchaba una botella llena de gases en la oficina
del doctor jefe, mientras inadvertidamente rociaba con cava
nuestros contratos, mientras los camilleros de dientes amarillen-
tos se fumaban el cigarrillo que tenían estrictamente prohibido,
mientras las aseadoras trapeaban las salas vacías y se esmalta-
ban unas a otras y viceversa las uñas, mientras yo ponía en orden
alfabético las viejas fichas y las nuevas fichas, se produjo un nue-
vo incidente en la sala de los procedimientos experimentales. Un
nuevo percance en el que una vez más el subversivo rebanó los
sueros con medicamentos, inundó las camas y los resbalosos sue-
los, y volvió a desaparecer dándose de alta sin más trámite. ¿No
le parece sorprendente?, le pregunto y ya sin esperar respuesta le
sigo contando que cundió el pánico. Lennox regresó dando pasos
duros con sus zapatos recién embetunados y bien lustrados, no
por él, por supuesto que no lustra sus propios pies, lustrados por
alguna mexicana o cubana o rumana, por alguna otra inmi-
grante muerta de hambre premunida de betún y escobilla en las
veredas de la policía... Y con sus zapatos impecables y oliendo a
trago llegó Lennox y se encerró con cada una de nosotras para
interrogarnos en castellano. Se le trababa la lengua en su torpe
castellano. Se le trababa también en inglés. Este nuevo asalto le
iba a costar el pellejo: no iba a permitirlo. ¿Entiende? Horas de
preguntas, una tras otra las mismas estúpidas preguntas en las
que Lennox, mareado por el alcohol, confundido por la gramática,
exhausto, iba enredando la sintaxis. Empezaba usando el verbo,
repetía lo mismo partiendo con el sujeto, y una vez más reiniciaba
el examen al derecho y al revés y lo llenaba de gerundios, esdrúju-
las y adverbios. ¡Qué manía de meter adverbios y gerundios en
cada frase! Se iba haciendo imposible entender lo que decía, lo
Lennox espantosamente que queriendo, no sé si me entiende el
enredo que armó, sus imposiblemente contestando a inconsis-
tencias era; cosas así decía; consistentemente desembuchando la

hora donde me llamo es; ¿se da cuenta? Era un lío tratar de descifrar lo que decía, imaginar la pregunta para poder contestarle. Y por eso, por eso yo..., yo..., no me quedó opción. Porque yo... Porque Lennox estaba borracho y era incompetente hasta la médula; no iba a ser capaz..., yo lo sabía, y por eso yo... yo..., ¿entiende?, yo que conozco los expedientes de todo el personal que circula por el hospital, yo, que tomo nota de cada ingreso y de todos los egresos..., yo conozco hasta las más mínimas variaciones en la voz de los demás. Nadie más que yo iba a conseguir esa información... y la conseguí, o al menos por un tiempo eso pareció. Salí hasta en los diarios. Tengo guardados los recortes, le confidencio a la mujer sin saber por qué. Y los camilleros fueron sustituidos por militares, y a unas cuantas infelices enfermeras jovencitas y todavía ingenuas les rescindieron el contrato. Estoy hablando desenfrenadamente pero al aire, porque esta mujer no me escucha, sigue con la cabeza caída pero no me importa, porque estoy entusiasmada, mientras hablo me siento viva. Y algo averigüé, le digo triunfal, sin importarme su falta de interés. Conseguí un dato particular, insisto, una pista crucial que de todos modos de poco nos sirvió, continúo diciéndole. ¿Sabe qué? Espero un instante sin darle tiempo a que reaccione. Por supuesto que no sabe. La pista era un golpe seco, toc... toc... toc..., le digo eufóricamente mientras golpeo el suelo con el talón. Un golpe y otro golpe cojo, el golpeteo de una pesada muleta o acaso de un bastón. Este dato concluyente pero finalmente inútil no apareció en ninguna de esas crónicas que usted tan devotamente lee, le explico acercándome a esta mujer sumamente abrigada bajo la nieve. Lo habrá comprobado ya en su atenta y meticulosa lectura, le comento, estirando con imprudencia el brazo para señalarle imprudentemente el recorte. La mujer esquiva mi mano. Dobla cuidadosamente su diario, lo mete en el interior de su chaquetón junto a un montón de jirones de papel arrugados que rellenan su abrigo. Estoy sudando de tanto gesticular pero no me *desanimo: disculpe la pregunta, le susurro sin verdaderamente preguntarle, por qué guarda todos esos diarios dentro de su abrigo. Nos quedamos en silencio bajo un sol medroso. La mujer se quita lentamente unos audífonos que, recién me doy cuenta, tiene enchufados en los oídos. Su voz adelgazada murmura, es una mujer, la subversiva de la que usted habla... Eso es todo lo que dice con la serena y precisa exactitud del bisturí de un cirujano. Me deja herida y en suspenso: ¿una mujer?, repito, ¿dijo que es una mujer la asaltante de los hospitales? Me voy llenando de suspicacia: ¿una subversiva? La mujer asiente pero no puedo creerle. ¿Por qué una mujer iba a desear nuestro desprestigio y quién es esa mujer?, me pregunto mirando nerviosamente, para todos lados, como si de pronto, debajo de esa nieve ya blanda, fuera a aparecer la inesperada mujer de la que esta mendiga está hablando. Es una mujer la que cada tanto se cuela en el hospital por debajo de sus ojos sin ser detectada por sus sensores... el aparato de seguridad del hospital..., continúa diciendo la mujer desde su banco y rechinando un poco los dientes, pero la interrumpo replicándole que no, que por favor no, que me haga el favorcito de no volver a mencionar mi lugar de trabajo. No ahora cuando recién comienza mi mañana libre, no precisamente cuando acabo de timbrar mi tarjeta y salir, sin despedirme de toda esa multitud del ayer que ya no estará esta noche cuando yo regrese, sin dejarle una nota de bienvenida a la masa del mañana que está naciendo ahora mismo, precipitada y prematuramente... ¡Estoy cansada de esas criaturas que aterrizan mojadas y sin respiración en las palmas enguantadas de las matronas que las acogen, que las meten en incubadoras para que logren unir las dos mitades de los pulmones, la diástole y la sístole de los corazones con los riñones hinchados de hormonas y los tubos de ventilación asistida metidos por las narices; todo para que crezcan esas mujeres y esos hombres del mañana, para que después de todo el esfuerzo, en cualquier accidente o estúpida caída otra vez lleguen* de vuelta al hospital mojados y sin aire. Para que otra enfermera como yo los salve…! Ay no, por favor, no vuelva a mencionar estos recintos y sus infinitas máquinas que prolongan la existencia, que limpian o bombean sangre artificialmente, que alientan el pulso envejecido, que alimentan a los desnutridos mediante una sonda gasogástrica; no quiero oír hablar de máquinas ni de las multitudes que sobreviven y sobreduermen y viajan imaginariamente por hospitales gracias a sus equipos, sin extinguirse de cansancio, sin poder arribar a la fatiga eterna en un impredecible colapso… ¿Pero cómo llegamos a esto?, exclamo de pronto crispada, no sé cómo me desvié de lo que verdaderamente me tenía cautivada. Esta mujer acaba de sugerir, mejor dicho, de aseverar, que los ataques están siendo cometidos por una mujer… y mi deber ahora es exigirle que desembuche de quién se trata y el modo de encontrarla. Dígame todo lo que sepa sobre ella, le ordeno. La mujer toma aire y se toma más tiempo del necesario para contarme algo que no le he preguntado. Algo imprevisto y sorprendente. La mujer de los diarios…, dice, es la del hospital…, es la de los asaltos…, la del golpeteo…, la del pie… la que usted está buscando. Abro bien los ojos y le pregunto: ¡pero de qué mujer me está hablando! Mi airado tono retumba, sigue hablando, hablando, hablando, como un eco… Oigo repetida mi propia incredulidad. No sé de dónde surge su convicción pero sé que debo intervenir con un juicio moral inmediato: ¡una mujer así nomás no! Descríbala como corresponde. Póngale un adjetivo. Porque esa mujer no puede ser sino una desquiciada, sin duda una mujer cesante y resentida, una mujer improductiva además de frustrada, una que no pudo ser madre, una abortista, una lesbiana radical disfrazada de hombre, una feminista más que una terrorista, una mujer de esa calaña que entra al hospital para matar a los hijos de otras, de las felices y fértiles mujeres que voluntariamente abandonan sus deberes profesionales, sus deberes sociales y maritales, sus deberes consigo mismas especialmente, *para abocarse a una maternidad sacrificada y siempre decepcionante; verdaderas mujeres, es decir madres. No como usted ahí sentada perdiendo el tiempo, no como yo..., clamo pero enseguida me callo porque me percato de mi contradicción. Soy de esas que nunca quisieron abandonar su trabajo para abocarse a crear hijos, y menos a criarlos... Carraspeo, toso, siento que me sonrojo, después prosigo. ¿Qué clase de mujer es esa mujer? ¿Una excéntrica o una asesina? No sería tan sorprendente, después de todo, que fuera una mujer con ansias criminales. Algunas mujeres pertenecen a una especie incomprensible. Hay incluso algunas que pudiendo y hasta queriendo ser madres sienten el impulso de asesinar a sus crías. Madres que paren tres o cuatro hijos, que se desvelan en sus cuidados y de repente empiezan a traerlos a Urgencias con el pretexto de extrañas enfermedades. Los traen, le explico, cada dos por tres, a cualquiera de sus tres o cuatro herederos. Y son engañadoras estas mujeres que derraman ante nosotras sus lágrimas saladas, sus abundantes pero mentirosas lágrimas, cuando ven que uno de los cuatro o cinco hijos se les muere asfixiado. Sofocado sí, pero por la propia madre, le advierto, porque es la propia llorona quien les enchufa su pezón hasta que los labios del hijo se tornan azules. Entonces lo traen en brazos, corriendo y sollozando a nuestros respiradores... Las tenemos fichadas, ¿sabe?, tenemos una detallada descripción de su síndrome: son mujeres de alto riesgo. ¿Será acaso una de esas chifladas la mujer que usted dice? ¿La cortadora profesional de los sueros? ¿Es así la que ha huido dando pesados golpes en los pasillos? Me detengo un momento y le murmuro cerca del oído, ¿y usted por qué está tan segura de que es una mujer? ¿La conoce, usted? Pongamos las cartas sobre la mesa, más bien sobre el banco aunque este mojado. Se lo propongo y espero. Confíeme quién es. Es una mujer..., repite esta terca mujer y yo me desespero. ¡Una mujer, una mujer loca como una cabra, loca como una vaca loca!, aúllo exaltada, sin dudar que si efectivamente es mujer la asaltante*

158

deberá ser castigada. Se lo digo en un rapto de indignación: esa subversiva merecería ser quemada, lapidada, colgada de un pie por horas, enjuiciada ante los ciudadanos en una plaza como esta. Y la observo, y empiezo a morderme el esmalte de una uña. Intento convencerme de que al menos ha ocurrido algo provechoso en los últimos minutos: el hielo entre nosotras se ha derretido y aunque no llueve al menos gotea cada vez más intensamente... De modo que le digo, otra vez apaciguada, retomando la aguja y enhebrando el hilo de nuestro intercambio: a lo mejor usted se ha enterado de todo a través del diario, de algún diario que yo no he leído... Usted parece estar muy al tanto, ¿no? ¿De dónde saca toda esta ruma de periódicos? La mujer no contesta pero yo insisto: soy toda oídos. Me los trae..., contesta la mujer dubitativamente, los diarios..., todos los diarios..., del hospital..., esa mujer... dice casi inaudible. De nuevo me está diciendo lo mismo, pero esta vez me contengo. Observo el contorno de la plaza, la nieve sucia ha sido arrumbada sobre las veredas por máquinas que pasaron sigilosamente mientras yo estaba hablando. He hablado pero no he conseguido que me revele nada. Debo concebir una estrategia menos directa para hacer que confiese. Creo que usted está confundida, manifiesto entonces con una candorosa sonrisa. Inclino la cabeza hacia la izquierda. Usted no sólo está confundida, está fundamentalmente, definitivamente, indiscutiblemente equivocada. Siento decepcionarla, pero la señora que le trae los diarios cada mañana no es, no puede ser la misma que aparece mencionada en ellos. Y aunque usted tuviera razón y el subversivo del hospital resultara ser una mujer no se trataría de la generosa señora de los diarios. ¿Comprende? Son dos mujeres diferentes. Una le trae los diarios cada madrugada, la otra asalta hospitales. Dos actividades y dos personalidades, digo sin vacilación, tan opuestas las dos como yo lo soy de usted. ¿Somos... dos?, repite ella como si por fin comenzara a entregarse. Dos, o tal vez tres, le sugiero. Pero qué digo: más bien cuatro.

Usted y la que le trae los diarios, la enfermera que soy y la asaltante. Mi enemiga y yo, usted y su amiga, continúo alegremente antes de preguntarle lo que realmente me inquieta. ¿Cómo me dijo que se llamaba esa amiga suya? Deme ese nombre, a continuación entrégueme el suyo y asunto arreglado, pienso en silencio. El nombre, insisto mentalmente, todos esos nombres sin renombre que necesito para salvarme, repito, y de repente surge esa larga y desordenada lista de identidades confesadas durante el interrogatorio que me tocó dirigir después del primer ataque subversivo, la retahíla de las auxiliares María Elena y Marisol, de Mario y de Mariana, de María Eugenia y María Cristina. Todos esos nombres con sus correspondientes apellidos, aunque los apellidos son secundarios. Deme los nombres de pila, con eso será suficiente, recuerdo haberles pedido a todos ellos, y ese flashback desencadena en mi interior la fría vibración del escalpelo retirando lo podrido bajo la piel del mundo. O quizá sea el frío del banco lo que me esté haciendo temblar. O tal vez sea simplemente un ataque de pánico. En mi recuerdo se van desplegando cientos de preguntas torcidas que apuntaban a determinar el nombre del culpable fichado entre los cientos de miles de cartulinas almacenadas durante años en mi cabeza. Nombres y más nombres, y ahora cuál es el suyo. Su apellido, su número de seguridad social, sus antecedentes médicos: datos infalibles que harán saltar en mi fichero el rostro inequívoco de la subversiva. A lo lejos diviso un camión aspirando con gruesas mangueras los cúmulos de nieve sucia. Inesperadamente la mujer levanta la mano y apunta al hospital como si fuera a explicarme algo. Miro la fachada que ella me señala, la elevada reja del hospital, los portones por donde se desliza ahora una muchedumbre. Es un gran mercado humano abierto las veinticuatro horas los siete días de la semana…, discurro, pero no sucede lo que espero. Su mano extendida va perdiendo fuerza y aterriza sobre la pierna en silencio. Apoya la cabeza en su clavícula y yo deduzco que se quedó dormida. Pero no, no está durmiendo. Está murmurando algo. Se quita un guante y se rasca la cabeza metiendo sus dedos azulosos como un tenedor entre su maraña de pelo. Quiero explicarle, sin embargo..., parece que está diciendo, sin embargo..., sin embargo... ¿Qué intenta decirme? Me embarga su negligente sin embargo: que pase del punto suspensivo y concluya la frase. Que de una vez la remate. Se queda varada en esa línea como la aguja sobre el disco que repite repite repite su línea sin acabar la idea, y sin embargo agrega, aquí estamos usted y yo, y este diario que nos envuelve como a la fruta en el mercado... toda esa fruta dulce pudriendo la fruta sana... ¿De qué está hablando?, exclamo desorientada. De las apariencias engañosas, dice la mujer. De todo lo que usted no escucha mientras habla, de lo que no ve aunque observe. De lo que jamás comprenderá... Si hunde los pies en su propia huella podrá avanzar... y disfrutar del aroma mentolado mientras dure... ¿Mentol?, interrumpo ahora sí irritada por ese disparate. ¡Ojalá hubiera eucaliptos que taparan el perenne perfume a mierda y mugre en esta plaza!, pienso, pero me distrae la gente que ahora se acerca. Es un ruidoso cortejo de ciegos que viene tocando y mascando..., mascando... ¿chicle de menta? Posiblemente... Esos ciegos mascadores acaban de instalarse en la esquina. Son ciegos que parecen hasta mudos: ni una sola palabra atraviesa el aire. Se alinean en tres hileras y con palillos de acero tocan sus tarros de sopa vacíos, sus vacías latas de cerveza. Tocan rítmicamente, monótonamente, sin cantar ni una sola nota; al ritmo de sus poderosas mandíbulas aporrean sus metales. No sé cuánto tiempo desfila la comparsa ante nuestros ojos, estoy en trance viéndolos agitar las monedas como si en vez de latas llevaran panderetas. Y no sé cuánto tiempo transcurre en este trance cuando la mujer me agarra la punta de la manga. Me pregunta con su voz de acero si todavía nieva. ¿Nevar?, le pregunto extrañada, para nada. Es sólo la escarcha pertinaz del olvido, murmuro recordando un viejo verso memorizado

en la infancia. Hace mucho que dejó de nevar, agrego fascinada
por la imagen de los ciegos multiplicándose en las fachadas de
los edificios. ¿Acaso no se dio cuenta de que salió el sol y llegó de
golpe la primavera? Y sin embargo..., persiste la mujer, más tem-
prano que tarde volverá a dejarse caer el frío como se dejan caer
los pasos sobre el cemento y las tijeras de la mujer... Pero este
cuerpo se quedará aquí, estancado para siempre en este instan-
te... en este lugar... extinguiéndose... ¡Se equivoca!, le contesto,
sintiendo que se instala en mi lengua el mentolado sabor del
desprecio: Perdóneme que la contradiga, pero el cuerpo no tiene
por qué acabarse en estos tiempos de la reproducción biológica.
Todo puede repararse o repetirse. El cuerpo puede reciclarse como
nuestra conversación, reanudarse como el clima con sus soles y
sus tormentos. Preste atención: ya no nieva, casi no queda nevisca
sobre su abrigo, pero si se queda aquí volverá a desplomarse el
cielo espeso sobre usted. El futuro consiste en la posibilidad de la
rutina, no en la revolución. Es así, y así seguirá sucesivamente
siendo: esta madrugada yo dejo mi turno y otra vez lo abandono
mañana para venir a hablarle, a interrogarla, a regalarle mi
ejemplar del diario cuando por fin me vaya. Y usted lo leerá
cuando la noche aclare y lo volverá a devorar mañana como yo
mis tostadas al desayuno. No el mismo diario pero el mismo acto:
leer, recortar, archivar noticias bajo su abrigo y desperdigar el
resto. Sé que esperaba que yo apareciera por la salida de Urgen-
cias, que levantara los ojos hacia el cielo, que los detuviera en la
copa deshojada de todos estos árboles con los huesos al aire en
pleno invierno, que observara la nieve desmigajada surcando el
cielo y luego dejándose caer como tildes sobre la plaza. Y eso es
lo que haré mañana en cuanto salga: si a usted no le importa
vendré otra vez a saludarla, me sentaré a pesar suyo a increpar-
la. Y le hablaré sin cesar y usted apenas me contestará, pero al
final del día hará lo que le pido, deletreará para mí su nombre.
Su nombre completo con su apellido mientras nos miramos sin

reconocernos en las fachadas de estos edificios con el futuro estrellado por aviones. Su nombre, insisto: cuál es su nombre. Necesito todas las señas, los antecedentes exactos, las circunstancias precisas de cada persona con la que establezco algún trato. Detesto la incertidumbre y por sobre todas las cosas lo incompatible y lo inútil. El nombre verdadero, le digo. No sabe cuántos nombres puede llegar a tener alguna gente; además de los dos o tres del bautizo están los nombres elegidos, los diminutivos, los apodos y los seudónimos además de los alias y de las chapas. Algunos se hacen llamar de distintos modos como en esas novelas rusas que no he leído, se lo confieso, por falta de tiempo y porque me mareo. Sólo leo los titulares de los diarios en el metro, sólo le he oído relatar esas novelas llenas de intrigas al anestesista Corbalán durante las cirugías de transplante... Le diré la verdad: yo sólo recuerdo los nombres que escribo. Los recuerdo porque para eso también me pagan... Quizá haya llegado el momento de decirle que la que escribe y a veces hasta arregla las historias clínicas de los pacientes soy yo: yo quien las archiva, yo quien a veces, cuando son sospechosas, las esconde... Yo, porque las otras siempre han desplegado más interés en la manicura que en las deplorables faltas de ortografía salpicadas en los documentos... Su nombre, le repito, deme el gusto de oírlo, y yo, en cuanto regrese a mis fichas, lo pondré por escrito. Pero la mujer continúa circunspecta y tengo la impresión de que no obtendré tan fácilmente esos datos a menos que ensaye otro procedimiento. Que por ejemplo diga: es crucial tener sus antecedentes por si algo le ocurriera y no pudiera por propia voluntad entregarlos, un accidente, alguna catástrofe. Me encargaría yo misma de avisarles a sus parientes, de pedirles la donación de los órganos todavía en buen estado o de ponerla en nuestra lista, a esperar el arribo de un difunto competente. Noto que la mujer arrisca la nariz, pero sigo intentando persuadirla de los beneficios de identificarse. Ay, lo sé, le digo levantando un poco la voz por el ruido, no es un tema agradable el de los transplantes, pero es mejor acostumbrarse porque ahí reside el futuro de nuestra especie. Su prolongación y su repetición eterna. ¿No le alegra pensar que su cuerpo será rescatado de las cenizas cuando ocurra la inminente calamidad que siempre nos acecha? Porque la calamidad lleva calcetines de seda y va repartiendo espinazos quebrados, le digo, la calamidad nunca piensa en muletas. Hay que pensar en opciones reales mientras nos tragamos nuestro jarabe y nuestros corazones todavía laten, y laten, y luego, otra vez, misteriosamente aunque no tanto, continúan latiendo... Cuando por fin me callo no siento más que el latido de las latas que aporrean todavía en la esquina los ciegos. En medio del bullicio quizá la mujer no haya oído lo que le decía pero ha dejado de importarme. Conjeturo que esta mujer es demasiado joven como para pensar en el rostro grotesco de la muerte. Sigo dando pasos de un lado a otro: la muerte tiene siempre la misma expresión cuando me clava sus ojos, el mismo olor penetrante en las puntas de los dedos, la misma morbidez en las neveras. Antes los difuntos se iban ipso facto al cementerio en sus decoradas cajas de madera o se sumergían todos juntos en la fosa común no tan selecta, porque ahí todos los cadáveres se pudrían al mismo tiempo y al unísono, aunque cuando verdaderamente se revolcaban los muertos de cualquier edad o sexo era al entrar todos juntos, o uno detrás del otro, al crematorio de la morgue. Pero esto está cambiando, pienso sin decírselo, ahora almacenamos a los muertos, los bañamos, los afeitamos, les escobillamos los dientes y tras empolvarlos los guardamos. Sus cuerpos deben quedarse por si el corazón, por si el hígado, por si las córneas sirven para algo y también por el transplante de médula, por si sirviera el colesterol, por el colágeno. Incluso por si el oro gastado de las muelas pudiera ser aprovechado. No se ha descartado todavía si del cordón umbilical se podrá engordar un clon del fallecido o al menos alguno de sus órganos, pero mientras los científicos se ponen de acuerdo los guardamos como potenciales *materiales de repuesto... Es fascinante pero no lo comparto, creería que he perdido la cabeza, que confundo la realidad con una de esas pésimas películas americanas que sin embargo me gustan tanto, pero qué puede importarme. Dirán que estoy especulando, que estoy delirando, que me puse demente. Pero no soy yo. Es la muerte y su definición las que están siendo trastornadas: la muerte se está volviendo un arcaísmo en el diccionario. Será cuestión de esperar e ir leyendo atentamente la sección de avances científicos de los diarios. Y sospecho que más de alguien está leyendo, porque es precisamente la zona experimental de los transplantes de órganos clonados la que ha sido atrozmente acometida durante los últimos años... No importa cuántas veces nos ataquen. Más temprano que tarde seremos inmortales. No habrá que seguir ahorrando para pagar la funeraria ni el entierro ni menos el cementerio. Ya no invertiremos en un lugar donde caernos muertos, Qué tranquilidad. No pensar más en la propiedad de un lugar que ni siquiera puede arrendarse; en un lugar no, no más, nunca más el lugar con mayúsculas, pienso cayendo en la cuenta de que al salir del hospital me dirigía a un lugar específico, a mi reducido lugar, a mi lugarcito íntimo y hogareño con olor a pan tostado precedido por puertas difíciles de cerrar y nevadas escaleras. Yo iba en camino a mi casa pero sigo aquí parada, aquí sentada, aquí mojada, congelada hasta los huesos. Todavía. Y sigo sin saber su nombre. ¿No va a decirme nada?, le pregunto bastante molesta. De repente se me gastó la pila. No se me ocurre qué más decirle pero debo encontrar la manera de sortear el punto final, aunque sea con la lengua pesada, con los párpados lijándome las pupilas y la cabeza en blanco. Nunca ha sido conveniente quedarse sin palabras en el medio de una plaza, entre esta mujer taciturna y la compañía de estos ciegos que ahora están en silencio. Y es por este motivo que aprieto las carnes y echo de nuevo a andar el motor de mi razonamiento: disculpe que le pregunte, le digo insistiendo en hostigarla, ¿qué es lo que hace aquí además de leer el diario? Estoy convencida de que no va a soltar ni una palabra, y como no me hable me tendré que ir. Irme. Rapidito meterme en el único lugar que tengo para no resfriarme. Pero justo cuando menos lo imagino la mujer murmura lo siguiente: Cuánto falta... ¿sabe cuánto...? Vierte esta extraña pregunta mirando su reloj de manecillas quietas. Cuánto para qué, contesto intrigada. Pero ella se rasca la sien con la uña de un dedo: lo único que se mueve en ella es ese índice, ahora es un gusano enrollándose en un mechón hirsuto de su pelo. Cuánto..., repite. El dedo se estrangula. Sus ojos intentan calcular la hora en ese reloj que se detuvo en un número hace mucho: su segundero parece congelado. Se le acabó la cuerda..., dice manipulando la correa, lanzándolo por sobre su cabeza como el ramo mustio de una novia. El reloj se hunde como un paralítico en la nieve blanda junto a los ciegos. Al sentir la caída los ciegos se quedan quietos, con los palillos suspendidos en el aire. Conocen el naufragio del tiempo, la metálica embestida de las horas. Dejan de tañer sus latas y sus tarros viejos. Sincronizadamente el grupo musical rota en noventa grados y se desplaza. Los veo romper filas, son un batallón en retirada. Ahora un tenso sosiego recorre la plaza y yo doy vueltas alrededor del banco intentando entibiarme el cuerpo. Intento no dejar que me venza el cansancio. A qué horas pasa..., pregunta otra vez enigmática. ¿Pasar por aquí?, ¿quién? La mujer mueve la cabeza lentamente de un lado a otro y me lanza, implacable, otra pregunta: ¿el camión... el de la basura... va a pasar...? El camión de la basura no, protesto: pasó hace horas el camión. Circula por la madrugada y de eso hace muchísimo rato, le digo, y espero en vano que diga algo, y sigo: usted se habrá despistado cuando vino el basurero. Si tenía usted cita con el camión, o más bien con alguno de los recolectores municipales de la basura, es altamente probable, le digo, que bajo la nieve ese recogedor amigo suyo no la haya visto. Habría tenido que palear y palear para haberla encontrado, puesto que* usted, por lo que me voy dando cuenta, no puede o no quiere moverse de su asiento. O tal vez la explicación sea incluso más simple: su basurero ni siquiera pudo aventurarse por esta plaza durante la tormenta. Quizá el camión junto al resto del tráfico fue suspendido. Menos mal ya no queda ni un rastro de toda esa nieve…. Pero ella me retruca un impaciente y precipitado sí; sí, todo eso, sí, pero dígame cuándo vuelve. Y entonces me veo obligada a explicarle e insistir que ya, que ya volverá, como todo, como siempre, mañana, o tal vez pasado mañana. Le repito que todo, incluido el camión de la basura con su escuadrón de casacas grises o verdes, que todo se repite. Es necesario que así sea y por eso regresarán otra madrugada, le digo. Si no vino hoy también es posible que regrese esta noche, o en unos días. La basura demora más en podrirse bajo el hielo, le comento, las heladas benefician al alcalde y de paso a todos los ciudadanos. Me arden los ojos de cansancio pero me esmero en explicarle cómo el grave problema presupuestario de la ciudad ha afectado la recogida de basura. Todos los hediondos desperdicios sin reciclar. Toda la porquería que inunda las callejuelas de la ciudad. Los albergues cerrados de la ciudad, las multitudes durmiendo y meando y cagando en los parques de la ciudad y en el metro y en las cafeterías: en todas partes. Las sobras que va dejando la gente de la ciudad y los turistas, los gatos atropellados o degollados, el tufo ácido de los viejos nos aturden hasta que ya no somos capaces de sentir nada agradable, nada fresco: ni siquiera el olor a menta de los chicles que mascan los ciegos… El ambiente está saturado de olores. Y la Alcaldía es responsable pero no responde. La Alcaldía también está gravemente corrompida, como el Estado. La Alcaldía y el Estado son dos instituciones terminales que van a morir abrazadas, como una pareja de enamorados antes de suicidarse. Y los encontraremos despedazados, ya medio descompuestos algunos días más tarde, alertados por el hedor de sus inservibles cadáveres. Tomo aire y continúo: en cuanto empiece a *prolongarse este calor sentiremos el golpe pestilente en las narices. Ya no falta tanto para el verano, ya pronto, calculo yo sacando la cuenta de las semanas: prontito terminará la primavera y llegará el insoportable calor húmedo de julio. Es un problema crítico el de la podredumbre, le digo y después le explico: todo empezará a echarse a perder cuando se derrita del todo la nieve. Que no le sorprenda si le digo, le digo, que por eso almaceno mis expedientes en los refrigeradores de nuestra morgue. Es demasiado frágil la celulosa. Cualquiera que se limpie todos los días con papel sabe lo rápido que se deshace. Es material biodegradable todo ese papel que se traga el váter, el papel desperdigado por el viento, humedecido por el agua, esas noticias desmenuzadas y su tinta desvaída. Todas las palabras que uno mastica a diario acaban por hacerse polvo. Pero pronto ya ni siquiera habrá fichas para que yo las llene. Las fichas de papel están quedando rápidamente obsoletas. Me lo advirtió Lennox antes de largarse a su comisaría después de la investigación por el último ataque: que de ahora en adelante los antecedentes se ingresarán en memorias virtuales. Tecleearé el nombre del paciente y aparecerá su historia clínica e incluso sus huellas digitales. Todo ahí, archivado hasta el fin de los tiempos en la pantalla. Aunque se corte la luz, aunque se acabe la electricidad: todo quedará archivado en el cerebro impenetrable pero transferible de las computadoras. Todo: pelos y señales. El nombre del crónico, del desahuciado, del potencial donante; los nombres propios o prestados de los anónimos inmigrantes que trabajan como enfermos, como adictos al sacrificio en esta ciudad, por miles, por montones; el nombre y el sobrenombre y hasta el apodo servirán, las fotos sobre todo, el grupo sanguíneo, el ADN o el DNA. Aunque lo más sencillo seguirá siendo preguntar el nombre. Y a propósito, le comento como si nada, intentando cazarla desprevenida, ¿cómo es que usted se llama? Le insinúo que quizá ya me haya dicho su nombre. Que sí, que definitivamente ya me lo dijo, pero que en este momento*

168

estoy aturdida de cansancio y no sólo su nombre me elude, también su apellido. Quizá recordaría su identidad si me dejara ver su cara, si levantara los ojos un poquito y me mirara. Y eso es lo que inesperadamente hace la mujer: levanta la cabeza y me clava con sus córneas encarnadas. Esas pupilas suyas me atraviesan como si no me vieran. Pero tengo la absoluta certeza, la convicción de que registran mi presencia mientras parpadean. Esa expresión inquisidora, esos ojos afiebrados yo los he visto antes. Esos párpados sin pestañas. Rápidamente hurgo dentro de mí, dentro del cajón de sastre que es mi cabeza. Ansiosamente y mecánicamente repaso las fichas mentales buscándola. En algún archivador en desuso tiene que estar la historia clínica, la identidad de esos ojos enfermos que algún día no muy lejano serán devorados por los gusanos. Los he visto, esos ojos, pero no los reconozco... ¿Será posible que por primera vez en mis muchos años de enfermería sea incapaz de encontrar en mis expedientes a una paciente, precisamente a esta? ¿Cómo es posible, me digo, que no la recuerde? Mis neuronas recorren el archivo de mi memoria con dedos torpes, sólo encuentran otros nombres que por algún motivo que no me explico empiezan o terminan con maría. Algunos son nombres de pila de nuestras enfermas, otros corresponden a las que las cuidan. Enfermeras de día o enfermeras que de noche trabajan conmigo. La María Fernanda, por ejemplo. La María Luisa del labio leporino. La María José que en realidad es el José María del laboratorio, y las hermanas dominicanas María Soledad, María Dolores y María Esperanza. Y la Anita María que tiene licencia por maternidad, la pobre. Y la negra Mary y la Luz María y la antipática María Olga y alguna otra María más... Lo que sobran son marías adosadas a nombres en los expedientes. Que Dios nos ampare y las extirpe, bromea siempre el doctor jefe que es profundamente ateo cuando pasa la lista entre nosotras. ¿Usted tiene un María entre sus papeles?, le comento pero ella me mira fijo y aprieta los labios. Ese gesto me frustra. Me deja agitada por el fallo, agobiada por el pánico: ¿serán estos los primeros síntomas del Alzheimer...? De esos murieron mi madre y mi tía, y para eso no había transplante. Pero me resisto a pensar en una tragedia. Me consuelo diciéndome que quizá no haya sido en el hospital donde la he visto, sino en el portal de mi edificio o en la feria o dormida en los asientos del metro alguna madrugada como esta, o tal vez en esta misma plaza. En cualquier lugar pude habérmela topado... Y sin embargo sé que ha sido en el hospital. Estoy convencida. Me siento otra vez encima del diario húmedo, en el banco, junto a ella y le tomo la mano. Ella me deja su muñeca, yo busco su vena para tomarle el pulso. Me sorprende que no oponga resistencia. Oiga, le digo con toda la amabilidad que me va quedando, casi no le late el corazón y tiene cara de hambre. Mire, tengo una manzana en mi bolsillo. Una deliciosa manzana red delicious, ¿la quiere? La mujer le dedica un instante a mi jugosa propuesta y sonríe. O creo que sonríe. No, estoy segura: la mujer esboza una tímida sonrisa al ver mi inesperada oferta un poco machucada. ¿De dónde es... esa manzana?, pregunta la voz que se cuela entre sus labios. Qué más da de dónde es, me digo incrédula y hasta paranoica. Es originaria de mi bolsillo, le digo un poco nerviosa. La fruta importada carece de prestigio desde que se descubrió un cargamento envenenado que provenía del extranjero, desde el dichoso embargo de hace ya años... Y antes de llegar a mi delantal estuvo en el cajón de la tienda frente a mi casa, le explico. Haciendo como si nunca hubiera habido un colosal embargo, como si los millones de contenedores no hubieran sido devueltos, como si no se hubieran envenenado las relaciones internacionales, como si nadie nos hubiera advertido del riesgo mortal al que nos exponíamos, así, como si nada, dejando el pasado donde se quedó, le suelto mi perorata: No debería preocuparle de qué país proviene esta fruta, le digo, esas preocupaciones son de otra época. Por lo demás, desconozco el itinerario biográfico de las manzanas que desnudo cada tarde con mi cuchillo. *Todo lo que sé de mis manzanas es que son rojas, verdes o amarillas, y que son redondas y fibrosas. No tengo ni la más remota idea de dónde vienen, insisto, no me interesa, lo único que puedo asegurarle es que esta que le estoy ofreciendo ahora es una manzana suculenta. Le aseguro que es una fruta lavada y esterilizada: yo misma la desinfecté con alcohol anoche. ¿No tiene hambre? Estas manzanas son perfectas: miden todas lo mismo, pesan todas determinadas onzas. Manzanas en serie hechas en China, o en Chile, o quién sabe dónde, tal vez en algún laboratorio.* Para mi asombro, con los dedos todavía crispados la mujer bosteza y parece interesarse: ¿es chilena, su manzana roja? ¡No lo sé, ya le dije!, le digo impaciente. *No sé si venía con etiqueta, no recuerdo si la eliminé antes de lavarla... ¿Qué importa? Ya le expliqué que son todas igualitas estas manzanas, tan lustrosas e indistinguibles unas de otras que una a veces tiene la ilusión de que son plásticas. No sabe lo que duran en el refrigerador, ¡meses! Esta perfectamente podría ser una manzana errante del siglo pasado; una manzana inmigrante que no sabemos adónde va ni de dónde viene...* Una fruta subversiva que se cuela por las aduanas..., interrumpe la mujer y yo me callo. *La miro súbitamente asustada: quizá esta manzana sea más peligrosa de lo que parece: ha circulado por ferias o supermercados sin que nadie le haya prestado atención...* Nada de eso, refuto yo, es la mejor manzana del mundo. *La mujer estira sus dedos agarrotados y flacos como las ramas de los árboles y yo, aliviada por su consentimiento, le planto mi manzana en la mano. Me libro de la manzana de la discordia. Me pongo de pie y enseguida me siento: ya que no me dice su nombre, le digo, por qué no me cuenta algo sobre esa señora que le trae cada madrugada los diarios que usted lee. Pero la mujer bosteza largamente, mostrándome una lengua pálida que huele a las desgracias del infierno; se tapa la boca con la mano dejando caer la reluciente manzana por el cúmulo de nieve que ahora sólo cubre sus rodillas. Con una voz esforzada y lánguida la mendiga susurra que esa mujer siempre viene a sentarse a su lado, sobre los diarios que ella misma le trae. Me asegura que nunca se ha presentado ni le ha dicho su nombre. Que le ha hablado de demasiadas cosas que ya no recuerda. Si no se acuerda al menos invénteselas, le ruego, así por lo menos hacemos pasar el rato sin morirnos de aburrimiento. ¿Qué cosas cree que pudo haberle dicho?, le digo. Me dijo..., dice la mujer, es posible que a lo mejor me haya contado... no sé qué quiere escuchar... ¿quiere que le explique por qué lleva años intentando matarse? ¡Matarse!, chillo repentinamente indignada. ¡Es un delito matarse...! ¡Es un crimen contra la humanidad! ¡Por mucho menos que eso le darían la pena de muerte! Pero me controlo, me calmo, me digo que no debo sacar sus palabras de contexto: todo esto no es más que un cuento. Le pido que me perdone. Por favor, continúe. Y la mujer improvisa con una lentitud exasperante una historia que se va tornando inverosímil: insinúa que esa mujer ha sido privilegiada con un cuerpo enfermo, un cuerpo que se va destruyendo a sí mismo; sugiere que esa circunstancia la dispensó de trabajar... Esa mujer nunca produjo nada, sólo una infinita cantidad de frustraciones y de malestares para la hermana que por años estuvo a cargo de cuidarla. Esa hermana suya se había obstinado en encontrar la fórmula para curarla. La mendiga me explica que se trataba de una hermana industriosa y perfeccionista, especialista en la eliminación de enfermedades en el campo; una hermana que creía ciegamente en el rendimiento del trabajo. Pero la mujer... de los diarios..., sigue improvisando esta titubeante mendiga, la mujer que no es una señora... como usted se empeña en llamarla... sino una mujer... bastante joven todavía... pero bastante... descalabrada... se resistía a ser parte de esa cadena... en la que... participaban las frutas del campo y también los frutos... los frutos del propio cuerpo de la hermana... El dato me desconcierta: esta historia se va tornando rocambolesca. Me arreglo una horquilla en la cabeza antes de interrumpirla: ¿De qué frutos está hablando?, ¡no entiendo nada!, ¿esos frutos eran qué, sus hijos? Déjese de metáforas. Pero la mujer levanta la cara para mirarme con toda su persona, su persona famélica, su persona desfalleciente, y me sonríe de un modo inquietante. Se me levantan los pelos de todo el cuerpo: su sonrisa me hiela, su mirada perdida me aterra. Discúlpeme, le pido un poco nerviosa, por favor disculpe mi pregunta y sígame contando como mejor le parezca. Y entonces ella carraspea, vuelve a bajar la cabeza y se interna otra vez en su relato murmurando que la mujer comprendió desde muy temprano que mantenerla viva era simplemente otro emprendimiento laboral de los tantos que tenía su hermana. Esa hermana que de pronto comprendió que era una pieza más dentro de un complejo engranaje que no satisfacía sus deseos, dice la mendiga que le contó la mujer. Y ahora me cuenta que de pronto comprendió que los beneficios serían siempre para los otros. Entonces organizó... el mayor boicot imaginable..., explica la mujer, contra su propia empresa... ¿Pero de qué era la empresa?, interrumpo otra vez yo, yo que quiero entender hasta los más insignificantes detalles de esta historia, yo que quiero evitar a toda costa que alguna duda me asalte, antes o después, e incluso durante. Pero pido otra vez disculpas por entorpecer su relato y la mendiga me regala dos datos: la primera empresa fabricaba fruta perfecta, la segunda forjaba órganos para futuros transplantes. La mendiga levanta los hombros y explica: ambas empresas resultaron fallidas... y la mujer comprendió que había sólo una manera... de oponerse... ¿Cuál, cuál es esa manera?, pregunto yo, inquieta, dígame. La mendiga de ojos relucientes ahora sonríe mostrándome todos sus dientes manchados, y así se queda un minuto o dos, hasta que por fin me explica que la mujer comprendió la necesidad de obstaculizar el progreso de una maquinaria perversa: había que interrumpirlo, había que atacarlo. Había comprendido que la muerte ponía en jaque el sistema productivo. La muerte, dice la mendiga, puede adquirir un significado... puede tener un sentido... ¿Pero eso lo cree la mujer de los diarios o usted? Es lo mismo, responde la mujer. ¡Pero no, eso no tiene ningún sentido!, disiento asombrada y conmovida no sé muy bien por qué. Sí..., un propósito..., refuta ella, uno que le ha dado... fuerza... en los últimos años, dice la mendiga con las pantorrillas asomadas en la nieve que todavía queda alrededor de ella. Comprendo en ese instante que la mujer, la de los diarios, la que no he tenido la desgracia ni la desdicha de encontrarme por los pasillos del hospital, es un verdadero peligro. Pero debo disimularlo y entonces exclamo, ¡qué divertido! Pero se lo digo absolutamente en serio. Y a continuación me pregunto si puedo fiarme del relato delirante de esta mujer. Por supuesto que no, me contesto, por supuesto, no debo ni escucharla cuando agrega que por fin la muerte ha bajado el moño. La muerte... se ha rendido a los pies de la mujer de los diarios..., concluye desafiante. El tono exultante de la mendiga me indigna. Basta de hablar sobre la muerte, le ordeno. Esa palabra es un anacronismo, está enterrada en el diccionario junto con la eutanasia y el suicidio. Nadie va a resucitar esa palabra habiendo un hospital aquí enfrente y una enfermera de Urgencias. ¡Sobre mi cadáver va a morirse alguien! Escúcheme bien, y dígale a esa mujer que digo yo que muy suyo será su cuerpo pero que no le pertenece. Dígale que ni ella ni nadie es propietario de su cuerpo, el cuerpo es un bien colectivo, no puede disponer de él, y listo. ¿Entiende? La mujer me echa una ojeada con sus ojos claros casi verdes. Escúcheme bien, le digo, dígale a esa mujer que la ciencia lo arregla todo o casi; podemos donarle sangre o médula ósea, podemos inyectarle hormonas, podríamos transplantarle lo que le falte y si no tenemos el repuesto a mano le prometo que lo encontraremos. Y mientras espere le enchufaremos un ventilador mecánico para que siga respirando... Lo que no cura la ciencia hoy lo curará el tiempo. Y en esto estoy, enumerando soluciones cuando la mujer me fastidia el día con otra pregunta: ¿Y si el tiempo fuera la herida, una herida que con el tiempo se infecta? Me detengo un momento a considerar esa posibilidad para la que no tengo por ahora solución. Y no es bueno quedarse sin respuestas ante expresiones de desesperanza... Nosotras las enfermeras siempre tenemos o inventamos respuestas. Mi cerebro se va poniendo más y más lento, torpe como una computadora ejecutando demasiados programas al mismo tiempo... Estoy al borde del colapso pero no puedo rendirme ante ella, no puedo irme sin tener lo que necesito. Dígame cómo se llama, le pido con la cabeza dando vueltas, vueltas y más vueltas alrededor del espejismo de mi propia cama de sábanas revueltas... Le tomo los hombros con toda la autoridad de mis brazos y le suplico: qué le cuesta decírmelo. La mujer tuerce la boca como si fuera a responderme, ya pronunciando una tímida ese, ssssoy... parece que susurra sus labios pero en vez de soltar por fin lo que deseo oír va cerrando los ojos en cámara lenta. Va dejando caer su mentón sobre la clavícula. Oiga, usted, la remezo otra vez con más fuerza, usted, como quiera que se llame..., no se duerma usted, soy yo la que se muere de cansancio... Pero no me hace caso y yo saco de mi bolsillo el micrófono inalámbrico que siempre tengo a mano para emergencias. Me aferro a él como si hubiera encontrado una linterna en la oscuridad, un arma de último recurso, y deslizo el interruptor sintiendo la corriente subiendo por mis nervios. Con el micrófono en los labios vuelvo a dirigirme a ella. Mis palabras amplificadas resuenan en la plaza. OIGAAA, RESPONDA, NO SE HAGAAA LA DORMIDAAA... AHORAAA... ¿ME OYEEEE...? La mujer abre apenas un ojo ladeando la cabeza mientras le repito, RESPÓNDAMEEEE, y ella efectivamente contesta pero en inglés: I don't speak french. Y a continuación me dice en francés que no habla italiano. Me dice en alemán una frase que no entiendo. Esta mujer se está riendo de mí y sólo ahora lo comprendo. Si el micrófono tuviera alambre la ahorcaría, pero lo tiro lejos. No hay mejor sordo que el que no quiere oír, me digo a mí misma recordando un refrán de mi*

madre. No importa cuán fuerte le grite a esta miserable mendiga.
Let's speak in English, then, le contesto altanera. En inglés o en
finlandés, o en lo que quiera, aunque yo no sepa todavía árabe,
le explico en castellano. ¿Le dije que hablo varios idiomas y una
multitud de dialectos, que entiendo también el lenguaje de señas
de los sordos? Algún día seré una enfermera políglota, pero mien-
tras tanto puede decirme su nombre en cualquier lengua. ¿Por
qué no me lo revela de una vez por todas y permite que me lar-
gue? Me agarro la cabeza con las dos manos enterrándome las
puntas de las horquillas en el cráneo; ella enrolla imperturbable
su mechón con el índice, lo desenrolla y viceversa como si tuviera
todo el tiempo del mundo por delante. Mire, no tiene que decirme
el nombre de la mujer de los diarios, es sólo el suyo el que me
interesa. Olvídese de la suicida y de su hermana, de toda esa
historia tan complicada. Me interesa usted, le digo intentando
ser amable, y lo que pasa es que usted es excesivamente impresio-
nable, usted es adolescente y por lo tanto trágica. Le levanto el
dedo con alma pedagógica: No existen todas esas enfermedades
que a usted le han contado, sólo existen los enfermos que se las
creen... Se lo juro. Por Hipócrates. Pero la mujer no se deja inti-
midar y bostezando me contradice: La gente se muere... de enfer-
medades reales y prestadas..., de enfermedades crónicas o ins-
tantáneas... No de ficciones... Lo aprendí... en un hospital como
ese... La mujer apunta al frente. ¿Pero quién se cree que es usted?,
le pregunto enfurecida. ¿Qué sabe usted? ¿Por qué miente? Usted
no está enferma, a usted no le pasa nada, jamás ha estado en
nuestros hospitales. Se lo veo en la cara: está exuberante. Un poco
azulosa, es cierto, pero eso se debe a las horas en la intemperie.
Trago saliva sintiéndome satisfecha hasta que ella me sorprende
con una emboscada: comienza a lanzarme sus palabras como
piedras, con toda la potencia de sus pulmones me escupe pruebas
inculpatorias, datos, fechas de terribles errores médicos. Afirma
que es necesario acabar con la necesidad de la salud. Asevera

que es siempre peor el remedio que la enfermedad. Me da ejemplos que conozco pero que no quisiera recordar: las inyecciones de insulina que mataban a los locos, la talidomina que trajo al mundo niños lisiados, la inmunización de los niños negros en el África que inició la peor epidemia de nuestros tiempos. Ay, es cierto, pero ¿cómo lo sabe? Esa vacuna obligatoria al principio inyectada y después consumida fue la que las madres negras y los padres negros les dieron a la fuerza a sus hijos y ellos pronto se pusieron graves: los niños empezaron a morirse como piojos antes que los piojos negros, antes que los adultos negros, antes que los hombres blancos de los países que inventaron la vacuna hecha con los riñones de los monos africanos... Y yo la escucho sin ganas de escucharla, como si oyera llover en África. Porque conozco los detalles de esa peste contagiosa e incurable. Porque sé que ese escándalo fue enterrado y finiquitado bajo kilos de papel que iba a volverse ceniza dentro de los archivadores. Y siguen lloviendo sus palabras sobre mí mientras yo oigo cómo caen y me salpican, oigo cómo se deja caer toda una tormenta de hospitales. No puedo darle la razón, decido castigar su impertinencia sometiéndola a la rigurosa ley del hielo. Ya dispararé yo de vuelta cuando amaine. La dejo rezongar como a todos los enfermos rabiosos del mundo, como a los parientes iracundos: que hable hasta perder la voz sobre la perversión económica de la salud mientras yo pienso en las tostadas con mermelada que ya no me comeré esta mañana si dejo que continúe hablando; pero qué más da, que hable y se descargue mientras yo me concentro en mi café negro y aguado con leche fría mientras me voy quitando las medias todavía húmedas y las cuelgo en el respaldo de mi silla. Ya estoy mentalmente metida en mi cama cuando se calla y entonces le lanzo un miserable: ¿usted defiende causas ajenas o sufre de algún mal verdadero? La mendiga me mira y pronuncia lentamente una palabra: degenerativa. La repite subrayándola con su entonación seca. Una enfermedad degenerativa, completo yo, como si la existencia misma no fuera una larga enfermedad que va corrompiendo el cuerpo por dentro y por fuera. Pero ella levanta la voz y argumenta que más corrompen las mentiras de la salud que los diarios jamás denuncian, porque los diarios, agrega, no apuntan a los médicos, no a las enfermeras, no a los químico-farmacéuticos ni a sus empresas, no a los ministros de los gobiernos. Y por qué todos guardan silencio, farfulla casi sin aliento: ¿quién es el responsable, quién se está beneficiando? Me quedo tiesa un momento, sopesando sus acusaciones. Todo lo que ha dicho no son más que calumnias que no voy a tolerar, le informo levantando el pecho y sintiéndome más y más ofendida. ¡Mentirosa!, le grito. ¡Sensacionalista! ¡Abogada de causas perdidas e inútiles! ¡Leguleya! A usted se le perdió un tornillo. Le falta no una tuerca sino todas, le falla la máquina completa. Pero en cuanto cierro la boca noto que sus hombros, su cuello, su cabeza, su cuerpo entero, empiezan a remecerse: la ha asaltado un ataque de risa. No sé de qué se está riendo pero sus convulsiones me desarman. Me contagia con sus agudas risotadas y empiezo yo también a reírme, a hipar de risa, a llorar desatadamente entre auténticas e inexplicables carcajadas. De repente todo me parece tan atrozmente ridículo, la pifiada vacunación contra la poliomielitis en el África, los transplantes de órganos equivocados, las tijeras quirúrgicas abandonadas dentro de los operados, los químicos mal recetados, las múltiples negligencias y mi arrebato de ira. Me río nerviosamente del tonto espectáculo que di y disimulo mientras me sueno la nariz con la punta del delantal. Por fin logro tranquilizarme pero ahora jadeo: las agudas carcajadas me han cerrado el pecho. Un pitido asmático surge de lo más profundo de mis pulmones cuando resoplo. Y entonces toso, exhalo ahogada y compruebo que no me traje el inhalador en el bolsillo... ¿Hace cuánto que no me reía así, con silbidos? No es la primera vez ni será la última, dice la mujer como si contestara a la pregunta que acabo de hacerme en silencio. No será la última y usted lo sabe... No sé a qué se refiere ni me importa: me asfixio pero ella no me da respiro. Explíqueme, me dice con una arrogancia sorprendente, para qué usan el suero en los hospitales. Hospitales otra vez no, no, no, pienso ahogadamente mientras sigo tosiendo... He visto a todos esos niños en los hospitales, sigue, y yo siento la nariz cubierta de látex, la boca tapada con una impenetrable mascarilla, pero ella, en los hospitales amarrados a botellas de líquidos inciertos, condenados a máquinas que les alargan la vida, máquinas chupándoles la sangre durante horas y para qué. Basta. Cállese un momento, le pido sofocada, por favor, expectorando y secándome los ojos llorosos. Estoy expulsando los pulmones en la plaza mientras me pregunto, ¿y cómo lo sabe?, ¿los ha visto enchufados?, ¿es en el hospital donde me he cruzado a esta misteriosa mujer? Me lo pregunto mientras la última capa de hielo que cubría la estatua del prócer se viene abajo en bloque y supersticiosamente me planteo que quizá esa sea una señal desde el más allá o desde el más acá, cómo saberlo, una señal de que la apariencia de las cosas se está derritiendo. Y lo miro, al prócer de bronce, con sus labios gruesos y sus bigotitos recortados y su brazo en alto indicándonos la bandera que ondea en lo alto del hospital. El hospital, sí, nuestro hospital del que sigue hablando esta mujer, poseída por una extraña energía, la electricidad final de los moribundos que despiertan para dar el último discurso. La mendiga se ha robado la voz que yo he perdido mientras toso, mientras exige, explíquemelo usted que es la voz, la mordaza y el placebo del hospital, y a veces también el respirador artificial y el suero; confiese: ¿cuánto duran los órganos refrigerados que les sacan a esas criaturas? ¿Se pudren esperando un cuerpo que los alquile? Aprieto los dientes decidida a no contestarle. Meto las manos en los bolsillos del delantal pero por más que rebusco no encuentro el aerosol para inhalarme. Atrévase a contestarme. Pero yo sigo tosiendo, aunque cada vez menos mientras le oigo exclamar que ella ha renegado de la salud como de una peste. Dicho esto nos quedamos mirando. Me limpio los labios con el puño del delantal. La escucho verdaderamente consternada mientras se disipa el ahogo: y aquí estoy, y aquí está usted, una vez más enfrentadas, frente al hospital..., este hospital que aparece en todos los mapas de todas las ciudades, todas estas filiales del hospital abiertas en las grandes capitales, con sucursales modestas en pueblos pequeños... Y es entonces que la interrumpo para explicarle que así es, que así nomás es, yo existo porque usted existe, vine porque usted tuvo la ocurrencia de sentarse en este banco, y los maltratadores existen porque hay gente con vocación de víctima, y los dictadores aparecen porque hay quienes disfrutan siendo torturados y delatando... La luna aparece durante la noche porque ambos se necesitan, los jefes de las fábricas y sus trabajadores, los productos y los consumidores, los órganos sanos y los enfermos... Pero mientras continúo enumerando ella interrumpe: que no, que todo lo que digo no es más que una falacia. No es necesario, sigue diciendo sin tomar en cuenta que estoy hablando al mismo tiempo, nunca fue necesario nada. ¿Qué?, retruco yo interrumpiéndola a mi vez pero sin saber cómo contestarle. ¿Qué?, ¿Qué?, ¿Qué? Voy subiendo el volumen de mi qué. He estado a punto de gritarle otra vez a esta mujer pero me contengo. Me callo. Nos escrutamos. Nos quedamos en silencio un largo minuto que es un siglo soleado, porque la nieve ya se ha extinguido abrigo abajo. La plaza ahora aparece desnuda y sucia. Tiene bonitos ojos usted, comenta de repente la mujer y yo me sonrojo sin saber muy bien por qué. Me gustan sus ojos achinados, aindiados, casi verdes, me parece que sus ojos serían como los míos si usted se sentara aquí, si se pusiera en mi lugar, dentro de mi abrigo relleno de diarios..., agrega examinando de arriba abajo mi escote pálido, los botones blancos de mi delantal blanco, mis medias pálidas, mis zapatos empapados. Me arreglo nerviosamente una horquilla y me muerdo la lengua. Esta ciudad está plagada de sus ojos, me dice con una mueca desagradable en los labios. Esos ojos saltones suyos los he sentido examinándome antes, dice mientras yo desvío la mirada hacia las escasas hojas que afloran en las ramas de los árboles. Mire, le contesto interrumpiéndola. Mire, y ella levanta la vista hacia el cielo. El sol encandila y ella ceja. Quizá ahora que está agotada de insultarme pueda seducirla y sonsacarle lo único que verdaderamente me interesa. Casi había olvidado esta urgencia mía por conocer su nombre y la desdicha de no poder recordarlo. Me meto la uña entre los dientes delanteros para concentrarme, comprendiendo que ella me ha revelado esa pista que en reali dad son tres: nuestro encuentro sin duda ha ocurrido en el hospital y aunque yo no recuerdo quién es ella siempre ha sabido quien soy. ¿Usted no se acuerda de mí, verdad?, le pregunto tendiéndole una trampa. La mujer asiente con la cabeza mientras extrae del forro de su abrigo cientos de jirones de papel, los centenares de recortes que la protegieron del frío durante el largo invierno que ya se fue. Comienza una tarde esplendorosa sobrevolada por pájaros que dan vueltas y vueltas sobre nosotras, sobre la plaza, sobre el hospital con su ondeante bandera y los edificios donde todo se refleja. Nunca me he sentido más contenta que ahora. Sé que mientras haya sol tendremos todo el tiempo a nuestra disposición. ¿Cuánto tiempo queda?, es lo que la mujer ahora pregunta. Le castañetean un poco los dientes. Cuánto tiempo..., cuánto más... tiempo..., cuánto... reitera como un remolino de viento levantando las hojas. Me sorprende su necesidad urgente de saber la hora. Busco con la vista el sitio donde su reloj se congeló para siempre pero no lo encuentro. No tengo ni idea, le digo. Ni la más remota. Al menos no exacta. ¿Pero no le parece que este sol anticipa un precioso día de verano?, le pregunto cambiando de asunto. La mujer niega con la cabeza y parece calmarse: otro árido día de esperar el camión de la basura, contesta. Me pudro de impaciencia, me voy echando a perder en esta espera, dice con repentina convicción y entereza: el tiempo está vencido,

se está echando a perder, ¿no siente cómo huele? En cuanto termi-
na de decirlo noto que huele a muerte. Desde los charcos empieza
a levantarse un olor espantoso. ¿Será que ya se acerca el camión
que la mujer espera? Uf, qué asco, me digo tapándome la nariz.
Tiene usted toda la razón, convengo, es un olor putrefacto... Se
ha podrido el tiempo mientras nosotras hablamos nuestra lengua
muerta, contesta sombría, con la mirada prendida a la fachada
blanca del hospital. ¿Viene por fin el camión a llevarse el cadáver
de nuestro tiempo?, pregunta otra vez apelando a la metáfora.
¿Qué querrá decir cuando usa esas palabras?, me pregunto hasta
que la miro y me parece que sus ojos pierden brillo y su rostro
está demacrado. Oiga, le digo sacudiéndole con suavidad el
hombro, ¿se siente bien? La mujer se va poniendo más pálida.
¿Tiene hambre? ¿Dónde puso la manzana machucada que le re-
galé? Miro por debajo del banco pero ni rastro. Absolutamente
nada más que una ajada maleta. Una maleta negra junto a un
charco espeso. Qué fetidez insoportable, pienso planteándome
que quizá esta mendiga se haya meado. Pero no es olor a orina,
me digo mientras palpo un poco a ciegas debajo del banco. En-
cuentro lo que pudo haber sido una fruta y que ahora es una
coronta descompuesta. Qué desperdicio. Vuelvo a mirarla, está
tan pálida, está casi verde. ¿Qué le pasa?, le pregunto con la se-
guridad de que en cualquier momento va a desmayarse. Como si
se le hubiera ido de repente la sangre a los pies, y yo ahí, estática,
sin decidirme ni a auxiliarla ni a abandonarla. Antes de hacer
nada, por reglamento precisaría saber cómo se llama. Le meto las
manos por debajo del abrigo y ella no se opone; se deja revisar
dócilmente pero no encuentro ni un solo documento entre todo el
papel que lleva entre su abrigo y el cuerpo. Ni un pasaporte, ni un
carné que declare si quiere o puede ser donante, ni siquiera una
tarjeta de crédito, un cheque, una libreta de teléfonos. Nada que
la identifique. Por favor, le ruego antes de que se desvanezca. Su
nombre. Su nombre completo para poder ayudarla. Si usted no

me dice quién es, ¿cómo voy a saber quién soy yo y qué hago aquí con usted? Respiro hondo, calma, me digo, mucha calma, porque aquí hay algo, menos mal, un pedazo de papel húmedo que abro con cuidado y leo en voz alta: "Dónde estaba yo", ¿qué es esto?, pero sigo leyendo algo que empieza a sonarme a poesía, "infectada bajo la nieve", y yo detesto la poesía, pero no hay más que estos versos en este otro papelito, escrito a mano, y no se entiende mucho, "cubierta de hongos, repleta de gusanos para rodar quién sabe por qué caminos", pero no tengo tiempo para poemas así que continúo revisando estas páginas y encuentro estas alevosas líneas que parecen dedicadas a mí: "mientras hable no estaré sola, mientras me injerte adjetivos o adverbios seguiré amarrada... porque escuchándola habrá otras, otras como yo o diferentes a mí, acostadas o sentadas o de pie, esperando que se calle para partir...", etcétera, ¡etcétera! Casi podría haberlo escrito yo, toda esa basura, pero no, por supuesto que no he sido yo, ¿cómo iba a haberlo escrito?, no sé por qué he dicho esto..., jamás, nunca tuve vocación de poeta y menos de poetisa, odio toda la melosa dulzura de la poesía y especialmente su tono de tragedia, no soporto a esa gente que anda por la vida citando versos, y si esta mendiga se las da de poetisa, poetisa o poeta o como se les llame a las escritoras de versos en estos tiempos de corrección poética, también tendré que despreciarla... Tantos versos inútiles, versos que no arreglan nada, versos que sólo sirven para romperle la cabeza a lectores o lectoras como yo, que no leo nada, personas comunes y corrientes que se ganan la carne y el hueso que ponen sobre el plato con tanto esfuerzo. Con mucho más esfuerzo que leer poemas. ¡Poesía! Los poetas harían mejor dedicándose a la enfermería, que al menos para algo sirve, ¡para salvar vidas! Alegando contra la música rota de esos versos, contra los sustantivos de la tristeza, voy estrujando esas hojas manuscritas entre mis manos. Exprimo las letras hasta dejarlas secas: transformo esa página húmeda en una bola de papel y la lanzo lejos. Y sigo buscando algo que identifique a esta mujer. Mis manos se deslizan por ese torso que está en los huesos, mis dedos van contando una a una sus costillas, uniendo las dos manos por encima de sus vértebras salidas. Estoy abrazándola en mi inspección, pero no aguanto, tengo que separarme y me separo mareada por ese olor putrefacto que proviene de su cuerpo. ¿Se habrá cagado mientras yo la examinaba...? Mierda. Qué mendiga de mierda, y encima poeta. Oigo el aleteo de los pájaros en el cielo. Abro su abrigo, tomo aire, me tapo la nariz. Le echo encima mi mirada de buitre de la cabeza a los pies y descubro su pierna blanca. Me sorprende encontrarla enyesada pero todavía más que ese yeso tenga una trizadura de arriba abajo. Quizá ahí estén, quizá entre la cal y la piel guarde sus documentos de identidad e incluso algo de dinero; tiene que ser ahí, en ese lugar... Por la estrecha ranura me abro paso: me introduzco y voy palpando en necesidad de un nombre, de una fecha y lugar de nacimiento... y estas sí son palabras para un gran poema: la palabra rodilla... seguida del peroné..., de la pantorrilla... Esta piel se va volviendo húmeda y resbaladiza y demasiado fría pero sorprendentemente blanda... Voy hundiendo la mano de a poco, los dedos. Por la piel irregular desciendo hasta que topo con algo afilado, la punta de algo..., un clavo no, un cuchillo tampoco; cuidando de no cortarme tiro de lo que sea esto que tiene punta hasta que aparece una tijera, una gruesa tijera podadora impregnada de un barniz espeso, oscuro, pegajoso y fétido. Unto la lengua en la punta de la tijera, el sabor afrutado y oxidado me da náuseas pero aguanto, yo todo lo aguanto porque los olores fuertes, los sabores intensos que colman los pabellones han sido siempre mi especialidad, sí, las agujas, los bisturís, las grandes tijeras que ahora dejo caer al suelo, embetunadas como mis manos sin guantes... Ah, respiro hondo el aire tibio de la plaza y otra vez vuelvo a mi labor, con ahínco, con esmero, con pundonor, con los ojos tan abiertos como los suyos, aunque los suyos no me registran, en el fondo de sus pupilas sólo aletea la pálida fachada de nuestro gran hospital como una gran sábana lavada con cloro, como un gran telón de fondo, sí, sus ojos están completamente blancos, conteniendo el recuerdo de la nieve ya derretida mientras yo dejo de mirarla y voy sumergiendo mis dedos complemente en el yeso abierto, más adentro..., más abajo..., ¿pero qué...? Mis dedos quedan de pronto colgando dentro de la bota, oscilan en la cavidad vacía sin haber alcanzado el pie... hasta que alcanzo el fondo y en ese fondo hay sólo un charco de líquido denso, un fluido gomoso, espeso. Me detengo, me percato, me pregunto confundida, ¿y el tobillo de la mendiga?, ¿adónde habrá ido a parar el resto de esta mujer? Hay un pedazo extraviado pero mis dedos continúan hurgando sin convencerse de que no hay más que sangre coagulada aquí dentro, allá lejos en medio de este espantoso silencio que ahora lleno con mi angustia: ¿dónde están el empeine y todos sus frágiles huesos, dónde la planta de este pie, dónde el extremo de este cuerpo, dónde el final de mis urgencias...? Ay, dónde termina ese cuerpo, dónde está el punto final de esta mujer. Que ella o cualquiera por favor me lo diga, y quizá entonces sí pueda por fin callarme...

Índice

Agradezco la imprescindible complicidad de Esther Ramón en Madrid, de Ximena Riesco en Londres, de Catalina Mena en Santiago, así como también las implacables lecturas virtuales de Nicolás Poblete y Beatriz García-Huidobro y la generosidad de tantos maestros.

Este libro se término de imprimir y
encuadernar en el mes de octubre de 2007,
en los talleres de Andros Impresores.
Santiago de Chile
Se tiraron 2.000 ejemplares